FICHES BAC 2de

Français

Bertrand Darbeau
Professeur agrégé de français

Hatier

SOMMAIRE

CHECK LIST

DÉPLIANT ET RABATS

Crédits iconographiques
Intérieur – p. 7 : doc. Wikimedia Commons • pp. 8 à 73 : Coll. Archives Hatier • pp. 91 et 93 : doc. Wikimedia Commons
Dépliant – I : ph © BNF, Paris/Archives Hatier • II : ph © Josse/Leemage • III : ph © René Gabriel Ojeda/RMN • V : ph © SuperStock/Leemage • VI : ph © The Bridgeman Art Library • VIII : ph © Josse/Leemage • IX : ph © Josse/Leemage • XI : ph © Luisa Ricciarini/Leemage - © Salvador Dalí, Fundació Gala-Salvador Dalí/ADAGP, Paris 2015 • XII : ph © RMN - © ADAGP, Paris 2015
Rabats
II et IV g : Coll. Archives Hatier et doc. Wikimedia Commons • III et V : © Hatier • V h : © Collection Folio, Éditions Gallimard • V mb : © Éditions Flammarion

Conception maquette : **Favre & Lhaïk** • *Édition :* **Christophe Hardy**
Mise en pages : **STDI**

Les types de textes

1

QUIZ p. 15

Les textes peuvent avoir pour fonction de raconter, de décrire, d'informer, d'expliquer, de convaincre... On distingue ainsi quatre types de textes.

1 *Le texte narratif*

> Comme je m'arrêtais à regarder un Géant des Batailles, qui portait trois fleurs magnifiques, je vis, je vis distinctement, tout près de moi, la tige d'une de ces roses se plier, comme si une main invisible l'eût tordue, puis se casser comme si cette main l'eût cueillie !
>
> ■ Guy de Maupassant, *Le Horla*, 1887.

▶ Ce type de texte raconte une suite de faits dans le temps. Il se caractérise par :
– la présence du **passé simple** (« je vis ») ou du présent ;
– l'emploi de **connecteurs temporels** (« puis ») ;
– l'importance des **verbes** qui expriment l'action.

2 *Le texte descriptif*

> La façade de la pension donne sur un jardinet, en sorte que la maison tombe à angle droit sur la rue Neuve-Sainte-Geneviève, où vous la voyez coupée dans sa profondeur. Le long de cette façade, entre la maison et le jardinet, règne un cailloutis en cuvette, large d'une toise, devant lequel est une allée sablée, bordée de géraniums, de lauriers-roses et de grenadiers plantés dans de grands vases en faïence bleue et blanche.
>
> ■ Honoré de Balzac, *Le Père Goriot*, 1835.

▶ Ce type de texte décrit un lieu, un objet ou une personne, en l'inscrivant dans l'espace. La description se caractérise par :
– l'emploi de l'**imparfait** ou du **présent** ;
– la mention de **lieux précis** et la présence de **connecteurs spatiaux** (« le long de », « entre », « devant ») ;
– l'usage de **verbes d'état** (« est ») ;
– de nombreux **noms et adjectifs**, qui précisent l'apparence de l'objet décrit.

3 *Le texte informatif ou explicatif*

> La vanille est du nombre de ces drogues dont on use beaucoup, et que l'on ne connaît qu'imparfaitement. On ne peut pas douter que ce ne soit une gousse, ou silique, qui renferme la graine d'une plante, [...] ; mais on ne connaît ni le nombre des espèces, ni quelles sont les espèces les plus estimables de ce genre de plante.
>
> ■ Louis de Jaucourt, *L'Encyclopédie*, article « Vanille », 1751-1772.

▶ Ce type de texte délivre un savoir (discours informatif) ou fait comprendre une idée (discours explicatif) au destinataire. Il se caractérise par :

– l'emploi d'un **présent de vérité générale** (« est », « use », « connaît »...) ;

– un **lexique spécialisé** (« gousse », « silique ») ;

– une apparente **objectivité**, avec un locuteur n'apparaissant que très rarement (pronom indéfini « on »).

4 *Le texte argumentatif*

> Le réaliste, s'il est un artiste, cherchera, non pas à nous montrer la photographie banale de la vie, mais à nous en donner la vision plus complète, plus saisissante, plus probante que la réalité même. Raconter tout serait impossible, car il faudrait alors un volume au moins par journée, pour énumérer les multitudes d'incidents insignifiants qui emplissent notre existence.
>
> ■ Guy de Maupassant, « Le Roman », préface de *Pierre et Jean*, 1887.

▶ Ce type de texte veut convaincre ou persuader le destinataire du bien-fondé de la thèse défendue par le locuteur. Il se caractérise par :

– un raisonnement structuré, fondé sur des **connecteurs logiques** (« mais », « car ») et proposant arguments et exemples ;

– la **présence** plus ou moins discrète **du locuteur** qui défend sa thèse.

CONCLURE

Pour déterminer quel est le type d'un texte, il faut donc préciser sa fonction en s'appuyant sur la façon dont il est écrit.

L'énonciation

2

QUIZ p. 15

L'énonciation est un acte de langage par lequel un locuteur (celui qui parle) adresse un énoncé à un destinataire. Étudier l'énonciation d'un texte, c'est définir la situation d'énonciation et déterminer quel est le degré d'implication du locuteur dans son énoncé.

1 *La situation d'énonciation*

> À madame de La Fayette
> À Paris, le mardi 24 juillet 1657.
> Vous savez, ma belle, qu'on ne se baigne pas tous les jours ; de sorte que pendant les trois jours que je n'ai pu me mettre dans la rivière, j'ai été à Livry, d'où je revins hier.
>
> ■ Madame de Sévigné, *Lettres*, 1657.

▶ La situation d'énonciation de cette lettre est explicitée par un certain nombre d'indices :

– le **locuteur** est l'auteur de la lettre, Mme de Sévigné ; elle se désigne dans son propre énoncé par le pronom « je » ;

– le **destinataire** est Mme de La Fayette, désignée par le pronom « vous » et l'apostrophe « ma belle » ;

– le **lieu** et le **moment de l'énonciation** sont précisés par l'entête, « À Paris, le mardi 24 juillet 1657 ».

2 *Les marques de présence du locuteur*

▶ Pour déterminer le degré d'implication du locuteur dans l'énoncé, il faut chercher les différentes marques de la subjectivité :

– les **pronoms personnels** faisant référence au locuteur, tels *je* ou *nous*, ainsi que les déterminants et pronoms possessifs (*mon, le mien*) ;

– les **indicateurs spatiaux ou temporels** qui ne peuvent se comprendre que par rapport au locuteur lui-même : adverbes comme *ici* et *maintenant*, démonstratifs ;

– l'emploi du **présent d'énonciation** ;

– les **modalisateurs** (auxiliaires de mode comme *devoir, sembler*…, adverbes comme *assurément, peut-être*…, certains emplois du

conditionnel) qui expriment la certitude ou le doute du locuteur par rapport à ce qu'il énonce ;
– les **termes évaluatifs,** qui comportent des connotations péjoratives ou mélioratives ;
– une **ponctuation expressive,** en particulier l'exclamation.

3 L'énoncé ancré dans la situation d'énonciation : le discours

▶ Lorsque l'énoncé comporte un certain nombre de marques de la présence du locuteur et fait référence à la situation d'énonciation, on le désigne comme un **discours.** Ce type d'énoncé donne une impression de **subjectivité.**

> Considère, mon amour, jusqu'à quel excès tu as manqué de prévoyance. Ah ! malheureux ! tu as été trahi, et tu m'as trahie par des espérances trompeuses.
>
> ■ Guilleragues, *Lettres portugaises*, 1669.

Cet énoncé est ancré dans sa situation d'énonciation : la première personne (« mon », « me »), l'implication du destinataire (l'apostrophe, la deuxième personne), les termes affectifs et évaluatifs (« mon amour », « malheureux », « trompeuses »), l'exclamation montrent l'implication du locuteur et l'apparente subjectivité de l'énoncé.

4 L'énoncé coupé de la situation d'énonciation : le récit

▶ Lorsque l'énoncé comporte peu de marques de présence du locuteur, voire pas du tout, et qu'il ne fait pas référence à la situation d'énonciation, on le désigne comme un **récit.** Ce type d'énoncé donne une impression d'**objectivité.**

> On peut trouver des femmes qui n'ont jamais eu de galanterie ; mais il est rare d'en trouver qui n'en aient jamais eu qu'une.
>
> ■ François de La Rochefoucauld, *Maximes*, 73, 1665-1678.

Cette maxime de La Rochefoucauld est coupée de sa situation d'énonciation : le pronom indéfini « on », le présent de vérité générale, le tour impersonnel « il est rare de… » montrent l'effacement du locuteur et l'objectivité apparente de l'énoncé.

CONCLURE

L'étude de l'énonciation permet de définir le degré de subjectivité d'un texte, en montrant comment le locuteur s'implique dans ce dernier, ou au contraire s'en efface.

Les paroles rapportées

3

QUIZ p. 15

Un locuteur peut insérer dans son énoncé les paroles prononcées par quelqu'un d'autre. Prenons l'exemple d'une fable de La Fontaine pour étudier ce procédé.

> […] Il met bas son fagot, il songe à son malheur.
> Quel plaisir a-t-il eu depuis qu'il est au monde ?
> En est-il un plus pauvre en la machine ronde ?
> Point de pain quelquefois, et jamais de repos.
> Sa femme, ses enfants, les soldats, les impôts,
> Le créancier, et la corvée
> Lui font d'un malheureux la peinture achevée.
> Il appelle la Mort ; elle vient sans tarder,
> Lui demande ce qu'il faut faire.
> « C'est, dit-il, afin de m'aider
> À recharger ce bois ; tu ne tarderas guère. »
> […]
>
> ■ Jean de La Fontaine, *Fables*,
> « La Mort et le Bûcheron », 1668-1694.

1 *Le discours direct*

▶ Le discours direct reproduit les propos tels qu'ils ont été prononcés : il conserve donc les **marques de l'énonciation** originelle et le type des phrases (déclaration, exclamation ou interrogation).

▶ Ces propos sont en général introduits par un **verbe de parole**, qui peut prendre la forme d'une proposition incise à l'intérieur du discours rapporté. Ils sont isolés du reste de l'énoncé par des **guillemets.**

> « C'est, dit-il, afin de m'aider
> À recharger ce bois ; tu ne tarderas guère »
> rapporte les paroles du bûcheron au discours direct.

2 *Le discours indirect*

▶ Le discours indirect rapporte les propos en les insérant dans l'énoncé, sous la forme d'une **proposition subordonnée** introduite par un verbe de parole ou de pensée ; les guillemets disparaissent.

Le vers « Lui demande ce qu'il faut faire » contient du discours indirect ; au discours direct, on aurait : « [La Mort] lui demande : "Que faut-il faire ?" »

▶ La subordination **entraîne plusieurs transformations** pour les paroles rapportées :

– les pronoms personnels sont transposés en fonction de la personne du verbe introducteur (*Il a dit : « Je viendrai »* devient *Il a dit qu'il viendrait*) ;

– les indices de lieu et de temps sont coupés de la situation d'énonciation originelle (*demain* devient *le lendemain*) ;

– le verbe de la subordonnée doit suivre les règles de la **concordance des temps**, en fonction du verbe de la principale ;

– les marques d'expressivité, l'exclamation et les mots réservés à la communication orale (comme *oui* ou *non*) disparaissent.

3 *Le discours indirect libre*

▶ **Comme le discours indirect**, le discours indirect libre intègre à l'énoncé les propos rapportés, sans guillemets ; il transforme les marques de la situation d'énonciation et les temps verbaux. **Mais comme le discours direct**, il ne comporte aucune subordination et conserve les marques d'expressivité.

▶ Ce système mixte est donc difficile à repérer.

Dans la fable, les pensées du bûcheron sont rapportées au discours indirect libre. Au discours direct, on aurait : « Quel plaisir ai-je eu depuis que je suis au monde ?" »

4 *Le discours narrativisé*

▶ Le discours narrativisé ne rapporte pas les propos tenus, mais en **résume l'idée principale** par un verbe de parole, de pensée ou de jugement.

« Il appelle la Mort » rapporte de façon allusive les propos du bûcheron.

CONCLURE

Il faut être capable de distinguer les différentes formes de paroles rapportées, mais aussi de les utiliser soi-même, notamment dans le cadre de l'écriture d'invention.

La valeur des modes et des temps

4

QUIZ p. 15

Les modes verbaux traduisent la façon dont le locuteur envisage l'action que le verbe exprime ; les temps verbaux ont pour fonction de situer l'action dans une chronologie des événements.

1 Les modes verbaux

A Trois modes personnels

▶ L'**indicatif** est le mode de la réalité ; il inscrit l'action dans une temporalité donnée comme réelle, passée, présente ou future.

▶ Le **subjonctif** est le mode du possible. Dans les propositions indépendantes ou principales, il exprime l'ordre (*Qu'il appelle demain !*), le souhait, l'indignation… Dans les propositions subordonnées, son usage est imposé par le sens du verbe de la principale.

▶ L'**impératif** est le mode de l'injonction ; il permet d'exprimer l'ordre, le souhait, la recommandation.

B Deux modes impersonnels

▶ L'**infinitif** est la forme nominale du verbe. On peut l'utiliser pour raconter un événement en se limitant sèchement aux faits : on parle alors d'un infinitif de narration (*Et Paul de courir à sa rencontre*).

▶ Le **participe** a différentes formes. Le participe passé donne l'action comme achevée. Le participe présent donne l'action comme se déroulant. Le **gérondif** (*en* + participe présent) précise les circonstances de l'action principale.

2 Les temps verbaux

A Les temps simples

▶ Le **présent** peut avoir différentes valeurs.

Présent d'énonciation	Il exprime une action qui se déroule au moment où l'on parle. *Je suis sûr que c'est lui.*
Présent de narration	Il raconte des faits passés au présent, pour les rendre plus vivants

Présent historique	Il est une variante du précédent employé dans un récit historique. *Les Parisiens prennent la Bastille le 14 juillet 1789.*
Présent de vérité générale	Il permet d'exprimer une idée universelle, valable partout et tout le temps. *Les hommes sont mortels.*

▶ L'**imparfait** exprime en général une action inachevée, mais peut aussi traduire une action répétée. Dans le récit, il est le plus souvent réservé à la **description** et aux actions de l'arrière-plan.

▶ Le **passé simple** présente une action passée et achevée ; par opposition à l'imparfait, il est le **temps de la narration**, et exprime des actions de premier plan.

▶ Le **futur** exprime une action à venir. Il peut aussi exprimer la vérité générale (*Paris sera toujours Paris*).

▶ Dans le système de la concordance des temps, le **conditionnel** permet d'exprimer le futur par rapport à une action passée (*Il a dit qu'il viendrait le lendemain*). Il permet aussi d'exprimer l'hypothèse ; employé comme modalisateur, il souligne le caractère incertain de l'énoncé (*Selon la presse, le ministre s'apprêterait à démissionner*).

B Les temps composés

▶ Le **passé composé** exprime une action passée et achevée qui a des répercussions dans le présent ; à l'oral, il est utilisé comme substitut familier du passé simple.

▶ Le **plus-que-parfait**, le **passé antérieur** et le **futur antérieur** expriment une action achevée antérieure à une autre action, exprimée, selon le cas, à un temps du passé ou au futur.

CONCLURE

Distinguer les modes et les temps verbaux employés dans un texte permet de déterminer la façon dont le locuteur se situe par rapport à l'action.

Les liens logiques

5

QUIZ p. 15

Les liens logiques, parfois appelés « connecteurs », explicitent les relations entre les différents éléments d'un texte, notamment d'un texte argumentatif.

1 L'addition et l'analogie

▶ Elles permettent d'ajouter un argument ou un exemple.

Coordination	Subordination	Prépositions	Verbes et locutions
et, aussi, en outre, de plus…	comme, ainsi que, de même que…	en plus de, outre, avec…	à cela s'ajoute, cela évoque…

2 La disjonction

▶ Elle sépare deux éléments et permet de formuler une alternative.

Coordination	Subordination	Prépositions	Verbes et locutions
ou, ni… ni, soit… soit, d'une part… d'autre part	soit que… soit que, non pas que… mais, sauf si	sans, hormis, excepté	cela exclut

3 La cause et l'hypothèse

▶ La cause exprime l'origine d'une idée ou d'un fait ; l'hypothèse explicite la condition à laquelle se vérifie l'idée, ou la supposition sur laquelle elle se fonde.

A Cause

Coordination	Subordination	Prépositions	Verbes et locutions
car, en effet…	parce que, puisque, comme…	à cause de, grâce à, par, en raison de…	cela résulte de, cela vient de…

B Hypothèse

Coordination	Subordination	Prépositions	Verbes et locutions
	si, selon que, à condition que…	en cas de, à condition de, sauf…	cela dépend de…

4 La conséquence et le but

▶ La conséquence précise l'effet, la suite logique d'une idée ou d'un fait ; le but explicite la finalité d'une idée ou d'une action.

A Conséquence

Coordination	Subordination	Prépositions	Verbes et locutions
donc, aussi, c'est pourquoi…	de sorte que, si bien que, au point que…	au point de	cela implique, cela provoque…

B But

Coordination	Subordination	Prépositions	Verbes et locutions
	pour que, afin que de peur que…	pour, en vue de, afin de, de peur de…	

5 L'opposition

▶ Elle réfute une idée ou un fait ; elle introduit souvent un contre-argument.

Coordination	Subordination	Prépositions	Verbes et locutions
mais, or, néanmoins, cependant…	alors que, bien que, quoique, même si…	malgré, en dépit de, loin de…	cela s'oppose à, cela interdit…

Quiz express

Vérifiez que vous avez bien retenu les points importants

fiches 1 à 5

6

1 Les types de textes

« C'était un gaillard d'une quarantaine d'années, à cheveux crépus. Sa taille robuste emplissait une jaquette de velours noir, deux émeraudes brillaient à sa chemise de batiste [...]. »
De quel type de texte cet extrait de *L'Éducation sentimentale* de Flaubert relève-t-il ?

- ☐ a. texte narratif
- ☐ b. texte descriptif
- ☐ c. texte informatif

2 L'énonciation

Dans la phrase *C'est sans doute la raison pour laquelle il ne m'accompagnera pas demain*, qu'est-ce que *sans doute* ?

- ☐ a. un terme évaluatif
- ☐ b. un indicateur temporel
- ☐ c. un modalisateur

3 Les paroles rapportées

Je lui ai dit : « Je n'ai pas pu venir chez toi. »
Comment transposer cette phrase au style indirect ?

- ☐ a. Je t'ai dit que je n'ai pas pu venir chez toi.
- ☐ b. Je lui ai dit qu'il n'avait pas pu venir chez toi.
- ☐ c. Je lui ai dit que je n'avais pas pu venir chez lui.

4 La valeur des temps et des modes

Quelle est la valeur du conditionnel ? Il peut :

- ☐ a. traduire l'hypothèse
- ☐ b. jouer le rôle d'un modalisateur
- ☐ c. exprimer le futur dans le passé

5 Les liens logiques

Quel est le lien logique exprimé dans l'énoncé suivant ?
Il est encore très jeune, aussi a-t-il préféré repousser sa décision à l'année prochaine.

- ☐ a. la cause
- ☐ b. la conséquence
- ☐ c. l'addition

Corrigés

Score : … / 7

1 Les types de textes

Fiche 1

Réponse b. L'usage de l'imparfait, l'importance des noms (« cheveux », « taille », « jaquette »…) et des adjectifs (« crépus », « robuste », « noir »…), ainsi que le lexique de l'habillement sont des indices de la description ; il s'agit plus précisément d'un portrait.

2 L'énonciation

Fiche 2

Réponse c. La locution adverbiale *sans doute* est un modalisateur qui exprime la quasi-certitude du locuteur par rapport à son énoncé. Par ailleurs, cette phrase comporte d'autres marques de la présence du locuteur, comme le pronom personnel *me* ou l'indicateur temporel *demain*.

3 Les paroles rapportées

Fiche 3

Réponse c. La transposition touche les pronoms personnels (*je* ne bouge pas puisqu'il est présent dans la phrase introductive, mais *toi* devient *lui*) et le temps des verbes (le passé composé devient du plus-que-parfait puisque la phrase introductive est elle-même au passé).

4 La valeur des temps et des modes

Fiche 4

Réponses a, b et c. Le conditionnel, comme modalisateur, exprime une relative incertitude (*À l'heure où nous parlons, le candidat X serait en tête.*). Plus largement il est le temps de l'hypothèse (*S'il faisait beau, je serais ravi.*). Il peut également avoir une valeur temporelle de futur dans le passé.

5 Les liens logiques

Fiche 5

Réponse b. L'adverbe *aussi* (généralement suivi de l'inversion du sujet) introduit la conséquence : tel est donc le rapport logique qui unit la première partie de la phrase (que l'on peut considérer comme l'expression de la cause) et la seconde partie (qui est la conséquence proprement dite).

Le lexique

7

QUIZ p. 23

Un mot dit toujours plus que ce qu'il semble dire, notamment parce qu'il s'insère dans une série de champs (lexicaux, sémantiques) qui viennent élargir l'éventail de ses significations.

1 Les sens d'un mot

A Polysémie et champ sémantique

▶ Un mot admet généralement plusieurs sens que l'usage a installés et fait coexister : on dit qu'il est **polysémique.** Tous ces sens dérivent d'un sens premier, appelé **sens propre** qui est souvent celui que donne l'étymologie.

▶ L'ensemble de ces significations, propre et dérivées, recensées dans les dictionnaires, constitue son **champ sémantique.**

B Dénotation et connotation

▶ Le **sens dénoté** est celui que donne le dictionnaire : ce que le mot désigne, autrement dit sa signification objective. Il varie au cours des siècles, s'atténue ou se renforce.

▶ Les **connotations**, elles, désignent toutes les significations implicites que reçoit le mot, en fonction de la subjectivité de celui qui l'emploie, en fonction aussi des références culturelles qui s'y attachent.

> Le mot *rose* désigne la fleur du rosier (sens dénoté) et connote l'amour, mais aussi la beauté, la fraîcheur ou la fragilité (valeurs culturelles).

2 Le champ lexical

▶ Des mots **se rapportant à un même domaine** forment ce qu'on appelle un champ lexical. Ils ne sont pas nécessairement de même nature grammaticale : ainsi, le champ lexical de la *peur* comprend :
– des noms tels que *frayeur* ou *angoisse*,
– des adjectifs tels que *terrorisé* ou *inquiet*,
– des verbes tels que *terrifier* ou *craindre*…
Le repérage des champs lexicaux est un bon moyen d'identifier le(s) thème(s) d'un texte.

▶ Le **champ lexical dérivationnel** rassemble des mots formés sur un même radical, ou à partir du même préfixe ou du même suffixe.

Ainsi, le champ lexical dérivationnel de *sembler* comprend des mots comme *ressembler*, *semblable*, *dissemblable*...

3 Les relations sémantiques

Les mots sont liés par diverses relations sémantiques.

▶ La **synonymie** est une relation d'identité sémantique ; *voiture* et *automobile* sont synonymes parce qu'ils ont une signification voisine.

▶ L'**hyperonymie** est une relation d'inclusion générique ; le mot *arbre* est l'hyperonyme de *chêne* parce qu'il l'englobe dans une signification plus large.

▶ L'**antonymie** est une relation d'opposition. Par exemple, *célibataire* est l'antonyme de *marié*.

▶ L'**homonymie** rapproche deux mots se prononçant ou s'écrivant de la même façon (*porc* et *port* ; *air* et *ère*...), mais n'ayant pas le même sens dénoté.

CONCLURE

L'étude du lexique est un bon moyen de déterminer le thème d'un texte. En particulier, l'analyse des champs lexicaux est l'un des outils qui permettent de trouver les axes d'un commentaire.

Les figures de style

8

QUIZ p. 23

Cette typologie de quelques figures de style vous aidera à les repérer dans les textes.

1 *Les figures de sens*

A Les figures d'analogie

▶ La **comparaison** rapproche deux objets différents ayant un point commun, à l'aide d'un outil comparatif (*comme, tel…*).

▶ La **métaphore** est une sorte de comparaison implicite (sans outil comparatif) ; et il arrive que le comparé (comme dans *manger son pain blanc*) ou le comparant (comme dans *ivre de bonheur*) soient absents.

▶ L'**allégorie** est la représentation imagée d'une idée abstraite. L'allégorie de la justice est ainsi une femme aux yeux bandés (elle est impartiale) qui porte une balance (elle juge) et un glaive (elle punit).

▶ La **personnification** attribue à un animal, un objet ou une abstraction les propriétés d'un être humain : « Rome à ne vous plus voir m'a-t-elle condamnée ? » (Racine)

B Les figures de substitution

▶ La **périphrase** remplace un mot par une expression complexe : *le compositeur des* Noces de Figaro (= *Mozart*).

▶ La **métonymie** désigne un élément par un autre élément ayant une relation logique avec le premier : *un Zola* (= *un roman écrit par Zola*). La **synecdoque** est une forme particulière de la métonymie, fondée sur un rapport d'inclusion : on désigne le tout par la partie. « J'ignore le destin d'une tête si chère » (Racine).

C Les figures d'opposition

▶ L'**antithèse** consiste à rapprocher deux mots opposés : « Je vous blâmais tantôt, je vous plains à présent » (Corneille).
Cas particulier de l'antithèse, l'**oxymore** relie des termes opposés dans une même expression : « Le soleil noir de la Mélancolie » (Nerval).

▶ L'**antiphrase** fait comprendre le contraire de ce que l'on dit explicitement ; le plus souvent, elle est utilisée dans le registre ironique. *Ne vous gênez pas !*

D Les figures d'atténuation ou d'exagération

▶ L'**euphémisme** nomme une réalité désagréable de façon neutre ou agréable : *demandeur d'emploi* (= *chômeur*).

▶ La **litote** permet de dire le moins pour faire entendre le plus : *Cela ne sent pas la rose !* (= *Cela sent très mauvais*).

▶ L'**hyperbole** est une exagération par laquelle on amplifie une idée : *Il est bête à pleurer.*

2 Les figures de construction

▶ L'**anaphore** répète un mot ou une expression en début de vers ou de phrase.

> Rome, l'unique objet de mon ressentiment,
> Rome, à qui vient ton bras d'immoler mon amant !
>
> ■ Pierre Corneille, *Horace*, IV, 5, 1640.

▶ L'**énumération** est une sorte de répétition où sont repris des termes proches par le sens.

> Lorsque le genre humain de gland se contentait,
> Âne, cheval, et mule, aux forêts habitait.
>
> ■ Jean de La Fontaine, *Fables*, IV, 13, 1668.

Quand les termes sont disposés du plus faible au plus fort, ou du plus fort au plus faible, on parle de **gradation :** « Va, cours, vole et nous venge. » (Corneille).

▶ Le **parallélisme** est un type de répétition qui affecte la syntaxe : « Tu me haïssais plus, je ne t'aimais pas moins » (Racine).

▶ Le **chiasme** place dans l'ordre inverse les termes de deux groupes syntaxiques identiques : « Après le dur labeur, le sommeil impossible » (Hugo).

CONCLURE

Repérer et identifier des figures de style ne suffit pas : il faut aussi les interpréter et analyser l'effet qu'elles produisent sur le lecteur.

Les registres littéraires

9

QUIZ p. 23

Le registre d'un texte désigne l'ensemble des éléments que l'auteur met en jeu pour faire naître une émotion ou une réaction chez le lecteur (le spectateur ou l'auditeur).

1 Registre épique et registre lyrique

A Le registre épique

Il cherche à provoquer **l'admiration** en exaltant les exploits d'un héros, tout comme le genre antique de l'épopée narrait les hauts faits de personnage sublimes. Il utilise l'hyperbole, les gradations, les superlatifs.

B Le registre lyrique

Il cherche à provoquer **l'émotion** en mobilisant la sensibilité du locuteur. Il est donc marqué par l'omniprésence de la 1re personne et des champs lexicaux liés aux divers sentiments, mais il témoigne aussi d'une attention particulière à la musicalité des mots ; aussi est-il le plus souvent lié à la poésie.

2 Les registres tragique, comique et pathétique

A Le registre tragique

Il cherche à provoquer **la terreur et la pitié** par le spectacle d'un destin voué à la mort ; il met en scène des personnages nobles aux prises avec des forces qui les dépassent (fatalité, malédictions, passions destructrices).

B Le registre comique

Il cherche à provoquer **le rire** grâce à des procédés tels que l'ironie, la parodie, l'humour ou la caricature.

C Le registre pathétique

Il cherche à provoquer **la tristesse et la compassion** en décrivant les souffrances (*pathos* en grec) humaines. Il utilise volontiers le champ lexical de la douleur et de la souffrance, les exclamations et interjections, les images violentes et les hyperboles.

3 Registre merveilleux et registre fantastique

A Le registre merveilleux

Il cherche à **dépayser** le lecteur en le plongeant dans un univers irréel, caractérisé par la présence d'êtres surnaturels et l'existence de pouvoirs magiques : dans les contes de fées, personne ne s'étonne de croiser un ogre ou de devoir affronter une sorcière.

B Le registre fantastique

Il cherche à provoquer **la peur et l'angoisse** en montrant l'intrusion d'un événement surnaturel dans un monde donné comme réel. Il repose sur l'hésitation du narrateur ou du personnage entre deux interprétations, l'une rationnelle et l'autre surnaturelle.

4 Les registres liés à l'argumentation

A Le registre oratoire

Il cherche à **impressionner** pour convaincre ou persuader. Il se fonde sur des procédés d'expression (emploi de la 1re personne, apostrophes, questions rhétoriques, répétitions, images marquantes, etc.) qui augmentent l'effet du discours sur le destinataire.

B Le registre didactique

Il cherche à **enseigner** quelque chose. Il se fonde sur un vocabulaire clair et précis, une structure rigoureuse soulignée par l'emploi de nombreux mots de liaison.

C Le registre polémique

Il cherche à provoquer **l'indignation** en dénonçant une situation ou une personne (du grec *polemos*, « combat »). Il utilise l'hyperbole, un vocabulaire souvent péjoratif, des répétitions ou des questions rhétoriques.

D Le registre satirique

Il cherche à provoquer **le rire moqueur** par la dénonciation railleuse des défauts et des vices d'une époque, d'une classe sociale ou d'un individu. Il emploie pour cela l'ironie, le sarcasme ou l'invective.

CONCLURE

Pour déterminer le registre d'un texte, il faut donc identifier l'effet qu'il cherche à provoquer sur son lecteur et les procédés qu'il emploie à cet effet.

Quiz express 10

Vérifiez que vous avez bien retenu les points importants fiches 7 à 9

1 Dénotation et connotation

Quel animal a, pour sens dénoté, « bête de somme » et, pour sens connoté, « ignorant » ?

☐ a. l'âne ☐ b. le cheval ☐ c. le mouton

2 Les relations sémantiques

Quel est l'hyperonyme du mot *maison* ?

☐ a. habitation ☐ b. appartement ☐ c. pavillon

3 Les figures d'analogie

	Vrai	Faux
1. Une métaphore est une comparaison sans outil de comparaison.	☐	☐
2. « La Fourmi n'est pas prêteuse. » La Fontaine a recours ici à une allégorie.	☐	☐
3. Une périphrase est une figure d'analogie.	☐	☐

4 Les figures d'insistance

« C'en est fait ; je n'en puis plus ; je me meurs ; je suis mort ; je suis enterré » s'exclame Harpagon dans *L'Avare* de Molière lorsqu'il constate qu'on lui a volé son argent. Quelle(s) figure(s) de style cette réplique contient-elle ?

☐ a. une énumération
☐ b. une gradation
☐ c. une hyperbole

5 Les registres littéraires

« Allons de mon erreur, hélas ! trop éclaircis
Mêler nos pleurs au sang de mon malheureux fils. »

De quel(s) registre(s) ces deux vers prononcés par Thésée dans le dénouement de *Phèdre* de Racine relèvent-ils ?

☐ a. le registre épique
☐ b. le registre lyrique
☐ c. le registre pathétique

Corrigés

Score : … / 9

1 *Dénotation et connotation*

Fiche 7

Réponse a. Le cheval est lui aussi une « bête de somme » (c'est-à-dire « propre à porter une charge »), mais il ne connote pas la bêtise ou l'ignorance. Le mouton, quant à lui, connote souvent l'ignorance, en partie à cause de son instinct grégaire (voir la célèbre scène des moutons de Panurge dans le *Quart Livre* de Rabelais), mais il n'est pas considéré comme une bête de somme.

2 *Les relations sémantiques*

Fiche 7

Réponse a. L'*habitation* est l'appellation la plus large et la plus neutre ; elle englobe la *maison*. Quant au pavillon, il est un hyponyme de la *maison*, puisqu'il est une sorte de maison parmi d'autres.

3 *Les figures d'analogie*

Fiche 8

1. Vrai. Par exemple « La Nature est un temple où de vivants piliers/ Laissent parfois sortir de confuses paroles […] » (Baudelaire).

2. Faux. La Fontaine emploie ici une personnification.

3. Faux. Il s'agit d'une figure de substitution.

4 *Les figures d'insistance*

Fiche 8

Réponses a, b et c. C'est une énumération qui juxtapose une série de verbes quasi-synonymes ; cependant, ces verbes sont disposés du moins fort (« c'en est fait ») au plus fort (« je suis enterré ») : il s'agit donc aussi d'une gradation ascendante. Enfin, Harpagon n'est pas mort : il exprime sa fureur de façon hyperbolique.

5 *Les registres littéraires*

Fiche 9

Réponse c. Dans ces deux vers, l'interjection « hélas ! », la déploration marquée par le nom « pleurs » et l'adjectif « malheureux », ainsi que l'image frappante des « pleurs [mêlés] au sang » témoignent de la souffrance de Thésée et de sa compassion pour son fils mort par sa faute.

Récap' express 11

Les outils de l'analyse littéraire

*Ces outils jouent un rôle important dans l'explication de texte. Prenons par exemple ce célèbre extrait d'*Au Bonheur des Dames*.*

À l'intérieur, sous le flamboiement des becs de gaz, qui, brûlant dans le crépuscule, avaient éclairé les secousses suprêmes de la vente, c'était comme un champ de bataille encore chaud du massacre des tissus. Les vendeurs, harassés de fatigue, campaient parmi la débâcle de leurs casiers et de leurs comptoirs, que paraissait avoir saccagés le souffle furieux d'un ouragan. On longeait avec peine les galeries du rez-de-chaussée, obstruées par la débandade des chaises ; il fallait enjamber, à la ganterie, une barricade de cartons, entassés autour de Mignot ; aux lainages, on ne passait plus du tout, Liénard sommeillait au-dessus d'une mer de pièces, où des piles restées debout, à moitié détruites, semblaient des maisons dont un fleuve débordé charrie les ruines ; et, plus loin, le blanc avait neigé à terre, on butait contre des banquises de serviettes, on marchait sur les flocons légers des mouchoirs. Mêmes ravages en haut, dans les rayons de l'entresol : les fourrures jonchaient les parquets, les confections s'amoncelaient comme des capotes de soldats mis hors de combat, les dentelles et la lingerie, dépliées, froissées, jetées au hasard, faisaient songer à un peuple de femmes qui se serait déshabillé là, dans le désordre d'un coup de désir ; tandis que, en bas, au fond de la maison, le service du départ, en pleine activité, dégorgeait toujours les paquets dont il éclatait et qu'emportaient les voitures, dernier branle de la machine surchauffée.

■ Émile Zola, *Au Bonheur des Dames*, 1883.

Le type de texte

▶ Il s'agit ici d'un texte **descriptif** : Zola transforme le décor du grand magasin en un véritable tableau, qu'il livre à la contemplation du lecteur.

La valeur du temps verbal

▶ Il utilise l'**imparfait** de description : par opposition au passé simple du récit, ce temps fige la scène dans une sorte d'éternité. Après la furie commerciale, le temps semble s'arrêter sur un paysage de désolation.

Le lexique

▶ L'étude des **champs lexicaux** révèle le projet de Zola : à côté du vocabulaire propre à l'univers du grand magasin (« vente », « tissus », « comptoirs »…), le champ lexical de la « débâcle » militaire est beaucoup plus inattendu (« champ de bataille », « massacre », « barricade »…).

Les figures de style

▶ De nombreuses images mettent en rapport ces deux réalités *a priori* éloignées : on relève par exemple les **comparaisons** « comme des capotes de soldats mis hors de combat » et « semblaient des maisons ». Une **métaphore filée** assimile le passage des clientes à une catastrophe naturelle (« souffle furieux d'un ouragan » ou « mer de pièces » déchaînée).

▶ Des **énumérations** traduisant le désordre qui règne dans le magasin. Les **longues phrases** miment le flot incessant des clientes. Les **hyperboles** (« harassés de fatigue », « secousses suprêmes »…) exagèrent l'état du grand magasin après une grosse journée de vente.

Le registre

▶ Ainsi, Zola utilise le **registre épique** et transforme le grand magasin en « champ de bataille » des temps modernes : les héros de la société capitaliste ne sont plus des guerriers courageux, mais les vendeurs et les clientes.

Le roman et la nouvelle au XIXe siècle

12

QUIZ p. 35

Pourquoi, parmi tous les genres narratifs, s'intéresser spécifiquement au roman et à la nouvelle ? Et pourquoi étudier en particulier les récits du XIXe siècle ?

1 Des genres divers

A Développement des genres narratifs

Depuis l'épopée antique, les genres narratifs se sont multipliés. Aux récits héroïques rapportant des exploits guerriers (*L'Iliade* du Grec Homère) ont succédé les **chansons de geste** et les **fabliaux** du Moyen Âge, les **contes** et les **fables** de l'époque moderne, ou encore les **autobiographies** de l'âge romantique.

B Roman et nouvelle

▶ Mais les genres narratifs par excellence sont le roman et la nouvelle. Récits de fiction écrits en prose, ils se distinguent l'un de l'autre par leur longueur mais la **frontière entre les deux genres** n'est pas toujours très nette. Ainsi *Un cœur simple* de Flaubert (1877) est à la fois un petit roman, une longue nouvelle, voire un conte réaliste.

▶ Plutôt que de vouloir les séparer artificiellement, nous tenterons de voir quels sont leurs points communs et les techniques narratives qu'ils partagent.

2 Des techniques variées

Pour dégager les spécificités du récit littéraire nous nous poserons certaines des questions auxquelles l'écrivain se confronte.

▶ Comment démarre-t-on une histoire ? Quelles relations faut-il instaurer avec son lecteur ? C'est tout l'enjeu de l'**incipit**, que nous aborderons dans la FICHE 11.

▶ Comment construire l'histoire dans son ensemble ? Quels modèles suivre pour enchaîner les événements que l'on veut raconter ? Tel est l'objet de la FICHE 12, consacrée à la **construction de l'intrigue**.

▶ Comment le récit s'inscrit-il dans le temps ? À quelle vitesse raconte-t-on l'histoire ? Tout peut-il être raconté, ou peut-on passer sous silence certains événements ? La FICHE 13 sur le **temps de la narration**, répondra à ces questions.

▶ Quel point de vue adopter pour raconter ? Choisit-on d'épouser le regard d'un personnage, ou privilégie-t-on une vue surplombante ? La FICHE 14 sera consacrée à ces questions de **focalisation**.

▶ Enfin, quelle place accorder à la présentation des lieux ou des personnages ? Quel est l'intérêt d'interrompre le fil du récit et de ménager de longues pauses descriptives, parfois perçues comme ennuyeuses ? C'est donc de la **description** que traitera la FICHE 15.

3 Un âge d'or : le XIXe siècle

A Des genres anciens

▶ Roman et nouvelle **ne datent pas du XIXe siècle**, loin de là : né au Moyen Âge (voir par exemple *Le Roman de Renart*, dont le titre indique clairement le genre), le roman n'a cessé depuis d'occuper l'espace littéraire.

▶ Quant à la nouvelle, elle s'est développée au XVIe siècle et reste, aujourd'hui encore, un genre narratif très pratiqué.

B Une fortune récente

▶ Cependant, le roman et la nouvelle ont longtemps été dépourvus de la dignité des grands genres littéraires tels que la tragédie ou l'épopée.

▶ Il faut attendre **le XIXe siècle pour les voir triompher** : le réalisme (→ FICHE 16) puis le naturalisme (→ FICHE 17) en font leurs outils privilégiés pour représenter la réalité sociale. Nous verrons quelles sont les principales caractéristiques de ces deux mouvements littéraires, et la façon dont ils ont fait évoluer le roman et la nouvelle.

L'incipit

13

? QUIZ p. 35

Emprunté au latin (incipere, « commencer »), le mot incipit désigne le début d'un récit.

1 Les formes de l'incipit

On distingue quatre types d'incipit.

▶ L'incipit **statique** présente de façon détaillée le cadre du récit, sous la forme d'une description ; l'action n'a pas commencé, le lecteur est dans une position d'attente.

> À l'époque où commence cette histoire, la presse de Stanhope et les rouleaux à distribuer l'encre ne fonctionnaient pas encore dans les petites imprimeries de province. Malgré la spécialité qui la met en rapport avec la typographie parisienne, Angoulême se servait toujours des presses en bois, auxquelles la langue est redevable du mot *faire gémir la presse*, maintenant sans application.
>
> ■ Honoré de Balzac, *Illusions perdues*, 1837-1843.

▶ L'incipit **progressif** donne les informations nécessaires sur le cadre et les personnages de façon graduelle, sans tout dévoiler :

> Dans la plaine rase, sous la nuit sans étoiles, d'une obscurité et d'une épaisseur d'encre, un homme suivait seul la grande route de Marchiennes à Montsou, dix kilomètres de pavé coupant tout droit, à travers les champs de betteraves. Devant lui, il ne voyait même pas le sol noir, et il n'avait la sensation de l'immense horizon plat que par les souffles du vent de mars, des rafales larges comme sur une mer, glacées d'avoir balayé des lieues de marais et de terres nues.
>
> ■ Émile Zola, *Germinal*, 1885.

▶ L'incipit **dynamique** ou ***in medias res*** (« au milieu de l'action » en latin) jette le lecteur au beau milieu d'une histoire qui a déjà commencé, sans présenter d'abord les lieux, l'époque ou les personnages :

> Nous étions à l'Étude, quand le Proviseur entra, suivi d'un *nouveau* habillé en bourgeois et d'un garçon de classe qui portait un grand pupitre. Ceux qui dormaient se réveillèrent, et chacun se leva comme surpris dans son travail.

> Le Proviseur nous fit signe de nous rasseoir ; puis, se tournant vers le maître d'études :
> – Monsieur Roger, lui dit-il à demi-voix, voici un élève que je vous recommande, il entre en cinquième.
> ■ Gustave Flaubert, *Madame Bovary*, 1857.

▶ L'incipit **suspensif** ne donne aucune information, mais n'introduit pas non plus l'action ; il déconcerte le lecteur en mettant en question les procédés traditionnels du roman, comme le début de *Jacques le Fataliste*, dialogue imaginaire entre le romancier et son lecteur :

> Comment s'étaient-ils rencontrés ? Par hasard, comme tout le monde. Comment s'appelaient-ils ? Que vous importe ? D'où venaient-ils ? Du lieu le plus prochain. Où allaient-ils ? Est-ce que l'on sait où l'on va ?
> ■ Denis Diderot, *Jacques le Fataliste et son maître*, 1796.

2 *Les fonctions de l'incipit*

▶ Il crée le **monde de la fiction** en donnant des informations sur le lieu et l'époque de l'action, mais aussi le milieu social des personnages ou leur situation ; il répond donc à des questions essentielles (qui ? quand ? où ? etc.).

▶ Il provoque la **curiosité du lecteur** pour lui donner l'envie de poursuivre sa lecture. Dans ce but, l'incipit ménage une part de mystère et veille à ne pas tout dire.

▶ Il noue un **pacte de lecture** pour donner au lecteur les informations principales concernant le genre et le registre du roman, son mode de narration, ou encore la focalisation adoptée ; les premières lignes d'*Illusions perdues* nouent ainsi un pacte réaliste avec le lecteur.

CONCLURE

L'incipit est un moment particulièrement important dans la mesure où il fait passer le lecteur du monde réel où il vit au monde fictif où les personnages évoluent.

La construction de l'intrigue

14

? QUIZ p. 35

On appelle « intrigue » l'organisation des événements constituant l'action d'un récit ; elle est d'autant plus complexe que le récit est long.

1 L'intrigue unique

Les récits courts sont généralement constitués d'une intrigue unique et simple. Pour la résumer, on recourt au **schéma narratif**, qui structure le déroulement de l'action dans le temps et de son organisation logique, en cinq étapes.

▶ La **situation initiale** correspond au début du récit ; souvent exposée dans l'incipit, elle définit le cadre de l'intrigue et la situation des personnages avant que l'action ne commence.

▶ La **complication**, ou **élément perturbateur**, bouleverse la situation initiale et marque le début de l'action proprement dite.

▶ Les **péripéties** forment la partie la plus importante de l'intrigue et fondent la dynamique de l'action ; elles sont constituées d'une succession d'événements qui, parfois, modifient considérablement la situation des personnages (on parle alors de *rebondissement*).

▶ La **résolution**, ou **élément équilibrant**, marque le terme de l'action ; un dernier événement met fin à l'intrigue, en résolvant le problème né de la complication.

▶ La **situation finale** caractérise la situation des personnages à la fin de l'intrigue.

2 L'intrigue complexe

Dans les romans et les récits longs, l'action ne se limite pas à une seule intrigue mais combine souvent plusieurs séquences narratives : il existe trois manières de les assembler.

▶ L'**enchaînement** fait se succéder les séquences selon l'ordre chronologique ; d'une certaine manière, la situation finale d'une séquence devient la situation initiale de la suivante. C'est le cas ici, où la fin d'un entretien privé entre M. de Clèves et sa femme est suivie par le mariage de Madame, la sœur du roi, et du duc d'Albe :

> M. de Clèves s'attendrit en prononçant ces dernières paroles et eut peine à les achever. Sa femme en fut pénétrée et, fondant en larmes, elle l'embrassa avec une tendresse et une douleur qui le mit dans un état peu différent du sien. Ils demeurèrent quelque temps sans se rien dire et se séparèrent sans avoir la force de se parler.
> Les préparatifs pour le mariage de Madame étaient achevés. Le duc d'Albe arriva pour l'épouser.
>
> ■ Madame de La Fayette, *La Princesse de Clèves*, 1678.

▶ Le **développement simultané** travaille sur deux séquences concernant des personnages différents que l'on suit en même temps mais dans deux endroits différents :

> La pendule sonna trois heures. Elle écouta les vibrations du timbre mourir. Et elle restait au bord de son fauteuil, les prunelles fixes, et souriant toujours.
> La même après-midi, au même moment, Frédéric et Mlle Louise se promenaient dans le jardin que M. Roque possédait au bout de l'île.
>
> ■ Gustave Flaubert, *L'Éducation sentimentale*, 1869.

▶ L'**enchâssement** introduit une séquence à l'intérieur d'une autre séquence ; un personnage de la séquence cadre devient le narrateur de la séquence enchâssée :

> Alors, comme quelqu'un qui cherche à se rappeler diverses circonstances, après avoir appuyé quelque temps ses mains sur son front, voici ce que ce vieillard me raconta.
> En 1726 un jeune homme de Normandie, appelé M. de la Tour, après avoir sollicité en vain du service en France et des secours dans sa famille, se détermina à venir dans cette île pour y chercher fortune.
>
> ■ Jacques-Henri Bernardin de Saint-Pierre, *Paul et Virginie*, 1788.

CONCLURE

Que l'intrigue soit simple ou complexe, il est intéressant de la résumer pour voir la façon dont l'action est construite par l'auteur.

Le temps de la narration

15

QUIZ p. 35

Le temps de la narration est distinct du temps de l'histoire.

1 Le moment de la narration

▶ Dans la **narration ultérieure**, le narrateur se situe après les événements ; son récit emploie donc les temps du passé (en particulier le passé simple et l'imparfait).

▶ Dans la **narration simultanée**, il se situe au moment même où les événements ont lieu ; son récit est au présent.

▶ Dans la **narration antérieure**, il se situe avant que les événements ne se produisent ; ce procédé, rare, généralement circonscrit à un bref passage, est une forme d'anticipation (rêve, prophétie) ; le récit est au futur.

2 L'ordre de la narration

Il arrive que le narrateur rompe l'ordre chronologique : on parle alors d'une **anachronie.**

▶ L'**analepse** opère un **retour en arrière** par rapport à ce qu'on est en train de raconter :

> Ils allaient côte à côte, elle appuyée sur son bras, et les volants de sa robe lui battaient contre les jambes. Alors, il se rappela un crépuscule d'hiver, où, sur le même trottoir, Mme Arnoux marchait ainsi à ses côtés.
>
> ■ Gustave Flaubert, *L'Éducation sentimentale*, 1869.

▶ La **prolepse** évoque, par **anticipation,** un événement devant se produire après ce qu'on est en train de raconter :

> Quant à un chagrin aussi profond que celui de ma mère, je devais le connaître un jour, on le verra dans la suite de ce récit, mais ce n'était pas maintenant, ni ainsi que je me le figurais.
>
> ■ Marcel Proust, *Sodome et Gomorrhe*, 1922.

3 Le rythme de la narration

Le narrateur ne raconte jamais tout. Il rapporte en détail des événements précis, en résume brièvement d'autres, en passe certains sous silence.

▶ Dans la **pause**, le narrateur interrompt l'écoulement du temps de l'histoire pour décrire un lieu, un personnage, faire un commentaire.

> Ils venaient de s'arrêter aux deux tiers de la montée, à un endroit renommé pour la vue, où l'on conduit tous les voyageurs.
> On dominait l'immense vallée, longue et large, que le fleuve clair parcourait d'un bout à l'autre, avec de grandes ondulations.
>
> ■ Guy de Maupassant, *Bel-Ami*, 1885.

▶ Dans la **scène**, le narrateur développe un temps fort de l'histoire.

> Le prêtre se releva pour prendre le crucifix ; alors elle allongea le cou comme quelqu'un qui a soif, et, collant ses lèvres sur le corps de l'Homme-Dieu, elle y déposa de toute sa force expirante le plus grand baiser d'amour qu'elle eût jamais donné. Ensuite il récita le *Misereatur* et l'*Indulgentiam* [...].
>
> ■ Gustave Flaubert, *Madame Bovary*, 1857.

▶ Dans le **sommaire**, le narrateur résume une période ; le sommaire sert souvent de transition entre deux scènes.

> Nous glissons sur dix années de progrès et de bonheur, de 1800 à 1810 ; Fabrice passa les premières au château de Grianta, donnant et recevant force coups de poing au milieu des petits paysans du village, et n'apprenant rien, pas même à lire.
>
> ■ Stendhal, *La Chartreuse de Parme*, 1839.

▶ Dans l'**ellipse**, le narrateur passe sous silence une partie des événements.

> Trois mois après, une nouvelle possibilité de changement s'annonça dans la situation d'Ellénore.
>
> ■ Benjamin Constant, *Adolphe*, 1816.

CONCLURE

L'étude du temps de la narration permet d'apprécier l'art du romancier et la façon dont il transforme le temps linéaire et régulier de l'histoire en un récit dynamique, à l'ordre et au rythme variés.

Quiz express

Vérifiez que vous avez bien retenu les points importants fiches 12 à 15

16

1 Les genres narratifs

Parmi tous ces genres, lesquels peuvent être considérés comme des genres narratifs ?

- ☐ a. l'épopée
- ☐ b. la fable
- ☐ c. la nouvelle
- ☐ d. l'élégie
- ☐ e. le roman
- ☐ f. l'autobiographie

2 L'incipit

Quelle est, parmi ces deux formes d'incipit, celle qui vous semble la plus susceptible de provoquer la curiosité du lecteur ?

- ☐ a. l'incipit progressif
- ☐ b. l'incipit *in medias res*

3 La construction de l'intrigue

Dans « La Peur » de Maupassant, les passagers d'un paquebot parlent de la peur jusqu'à ce qu'un homme mystérieux prenne la parole pour raconter son expérience de la « vraie peur ». Quel est le principe de construction ?

- ☐ a. l'enchaînement
- ☐ b. l'enchâssement
- ☐ c. le développement simultané

4 Le moment de la narration

« Silvère laissa tomber son fusil et, d'un bond, se trouva sur la pierre tombale » : d'après cette phrase extraite de *La Fortune des Rougon* de Zola, le narrateur rapporte les faits :

- ☐ a. après qu'ils ont eu lieu (narration ultérieure)
- ☐ b. avant qu'ils aient eu lieu (narration antérieure)
- ☐ c. au moment où ils ont lieu (narration simultanée)

5 Le rythme de la narration

« Il voyagea.

Il connut la mélancolie des paquebots, les froids réveils sous la tente, l'étourdissement des paysages et des ruines, l'amertume des sympathies interrompues.

Il revint. » Si l'on analyse le rythme de la narration, cet extrait de *L'Éducation sentimentale* de Flaubert correspond à :

- ☐ a. une pause
- ☐ b. une scène
- ☐ c. un sommaire

Corrigés !

Score : ... / 9

1 *Les genres narratifs*

Fiche 12

Réponses a, b, c, e et f. L'élégie est un genre poétique qui n'est pas essentiellement narratif Tous les autres genres de la liste, qu'ils soient en vers ou en prose, peuvent être considérés comme narratifs.

2 *L'incipit*

Fiche 13

Réponse b. Parce qu'il plonge directement le lecteur dans l'action, sans introduire le contexte ni présenter les personnages, l'incipit dynamique (ou *in medias res*) est le plus susceptible de provoquer la curiosité du lecteur. Cependant, la contrepartie est que ce dernier risque de moins bien comprendre l'intrigue qu'avec un incipit progressif ou statique.

3 *La construction de l'intrigue*

Fiche 14

Réponse b. Le témoignage de l'homme mystérieux est enchâssé dans le récit cadre (le voyage sur le paquebot au cours duquel les personnages discutent). Il y a bien changement de narrateur, puisque l'homme mystérieux raconte à la première personne du singulier (« je ») ses propres anecdotes, quand le récit cadre était raconté à la première personne du pluriel (« nous ») par un passager anonyme du paquebot.

4 *Le moment de la narration*

Fiche 15

Réponse a. Le récit est au passé simple : cela signifie que le narrateur rapporte les faits après qu'ils ont eu lieu. Il s'agit dès lors d'une narration ultérieure.

5 *Le rythme de la narration*

Fiche 15

Réponse c. C'est un sommaire, car le narrateur résume en très peu de mots plusieurs années de la vie du personnage. Ce n'est pas une scène, puisque le temps de la narration est extrêmement rapide. Ce n'est pas non plus une pause, puisque le temps s'écoule et qu'il y a de l'action.

La focalisation

17

QUIZ p. 45

La focalisation désigne le point de vue qu'adopte le narrateur pour raconter son histoire, et à partir duquel les éléments du récit sont décrits et racontés.

1 *La focalisation externe*

▶ Le narrateur adopte le point de vue d'un **observateur extérieur**, qui se limite à ce qu'il voit ou entend : il s'en tient aux **apparences extérieures.** Le lecteur n'a donc pas accès aux pensées ou aux sentiments des personnages.

> Vers la fin de l'année 1612, par une froide matinée de décembre, un jeune homme dont le vêtement était de très mince apparence, se promenait devant la porte d'une maison située rue des Grands-Augustins, à Paris.
>
> ■ Honoré de Balzac, *Le Chef-d'œuvre inconnu*, 1831.

Dans cet extrait, le narrateur ne précise que des données objectives (la date, le lieu, les vêtements du personnage), sans préciser le nom du « jeune homme », ni ce qui lui traverse l'esprit, ni ce qui l'amène « rue des Grands-Augustins ».

2 *La focalisation interne*

▶ Le narrateur adopte le **point de vue d'un personnage** : le lecteur découvre alors l'univers du récit, les lieux, les objets, les autres personnages ainsi que les événements, **à travers la conscience, les pensées et les sensations** du personnage choisi comme foyer de perception.

> Lucien leva les yeux et vit une grande maison, moins mesquine que celles devant lesquelles le régiment avait passé jusque-là ; au milieu d'un grand mur blanc, il y avait une persienne peinte en vert perroquet. « Quel choix de couleurs voyantes ont ces marauds de provinciaux ! » Lucien se complaisait dans cette idée peu polie lorsqu'il vit la persienne vert perroquet s'entr'ouvrir un peu ; c'était une jeune femme blonde qui avait des cheveux magnifiques et l'air dédaigneux [...].
>
> ■ Stendhal, *Lucien Leuwen*, 1835.

Dans cet extrait, les éléments qui environnent le personnage sont l'objet de son jugement (« mesquine », « ces marauds de provinciaux », « magnifique », « l'air dédaigneux »). Le champ lexical du regard explicite le fait que la scène est vue à travers les perceptions de Lucien.

3 *La focalisation zéro*

▶ Le narrateur est **omniscient** : il voit tout, sait tout, et connaît les pensées de tous les personnages, au même moment et à différents endroits du monde. C'est le **point de vue le moins limité**, car il permet au lecteur de tout connaître. La focalisation zéro est ainsi rapprochée, par métaphore, du **regard de Dieu.**

> Surprise de voir ces deux prétendus ennemis les mains entrelacées et de les trouver en si bon accord, Francine restait muette, sans oser se demander si, chez sa maîtresse, c'était de la perfidie ou de l'amour.
> Grâce au silence et à l'obscurité de la nuit, le marquis ne put remarquer l'agitation de Mlle de Verneuil à mesure qu'elle approchait de Fougères. Les faibles teintes du crépuscule permirent d'apercevoir dans le lointain le clocher de Saint-Léonard. En ce moment Marie se dit : « Je vais mourir ! » À la première montagne, les deux amants eurent à la fois la même pensée, ils descendirent de voiture et gravirent à pied la colline, comme en souvenir de leur première rencontre.

■ Honoré de Balzac, *Les Chouans*, 1829.

Dans cet extrait, le narrateur livre au lecteur les pensées de Francine, de Marie et de son amant, en précisant que ceux-ci « eurent à la fois la même pensée » : le narrateur est omniscient, puisqu'il peut lire dans les pensées de tous les personnages.

CONCLURE

La focalisation permet des jeux subtils : en regardant le monde avec les yeux d'un personnage ou en adoptant un regard surplombant, en restreignant le champ de vision ou en l'élargissant, le romancier varie les points de vue.

La description

18

QUIZ p. 45

Dans un récit, la description interrompt le déroulement des événements pour présenter un lieu, un objet ou un personnage. Prenons par exemple ce texte de Zola.

> Mais Claude était monté debout sur le banc, d'enthousiasme. Il força son compagnon à admirer le jour se levant sur les légumes. C'était une mer. Elle s'étendait de la pointe Saint-Eustache à la rue des Halles, entre les deux groupes de pavillons. Et, aux deux bouts, dans les deux carrefours, le flot grandissait encore, les légumes submergeaient les pavés. Le jour se levait lentement, d'un gris très doux, lavant toutes choses d'une teinte claire d'aquarelle. Ces tas moutonnants comme des flots pressés, ce fleuve de verdure qui semblait couler dans l'encaissement de la chaussée, pareil à la débâcle des pluies d'automne, prenaient des ombres délicates et perlées, des violets attendris, des roses teintés de lait, des verts noyés dans des jaunes, toutes les pâleurs qui font du ciel une soie changeante au lever du soleil [...].
>
> ■ Émile Zola, *Le Ventre de Paris*, 1873.

1 *Les indices de la description*

Dans un récit, les passages de description sont identifiables à un certain nombre d'indices.

▶ Les **verbes de perception** (notamment de vue) introduisent la description et la lient à la narration ; ici, l'infinitif « admirer » joue ce rôle.

▶ Le **vocabulaire concret** qualifie l'objet, le lieu ou le personnage décrit, notamment par les adjectifs et noms de couleurs, ici très nombreux.

▶ Les **présentatifs** (*c'est, il y a, voici, voilà*) et les **verbes d'état** (*être, paraître, sembler, demeurer*, etc.) introduisent les éléments descriptifs.

▶ Les **indices spatiaux** inscrivent lieux et objets décrits dans l'espace (« »pointe Saint-Eustache », « rue des Halles »).

▶ Certaines **figures de style** sont souvent utilisées dans des descriptions, en particulier les comparaisons et les métaphores (la « mer » de légumes), ou l'énumération qui liste les caractéristiques de l'objet ou du lieu décrits.

▶ Le **temps verbal** de la description est le présent lorsque la narration est au présent, et l'imparfait lorsque la narration est au passé simple.

2 Les formes de la description

▶ On peut décrire un **lieu**, un **objet** ou un **personnage** (dans ce dernier cas, on parle d'un portrait).

▶ Une description donne une **vue d'ensemble** et une impression générale, ou s'attache aux **détails**.

▶ Elle est **subjective** lorsqu'elle est faite à travers les yeux d'un personnage, ou **objective** lorsqu'elle est faite selon un point de vue extérieur. Ici, on voit par les yeux enthousiastes de Claude, ce qui explique les connotations positives de la description.

▶ Un portrait peut être **physique** ou **moral**. Il est **statique** si le personnage est décrit à l'arrêt, ou **en action** s'il est décrit en mouvement.

3 Les fonctions de la description

▶ La fonction **documentaire** renseigne sur un lieu, un objet ou un personnage ; la description de Zola permet ainsi de découvrir le monde des Halles.

▶ La fonction **réaliste** renforce la vraisemblance du récit grâce aux effets de réel.

▶ La fonction **narrative** donne au lecteur des informations nécessaires à la bonne compréhension de l'intrigue.

▶ La fonction **symbolique** évoque, au-delà de l'objet, du lieu ou du personnage qu'elle décrit, une idée, un thème, voire un type. En multipliant métaphores et comparaisons, le texte de Zola transforme ainsi les Halles en tableau.

▶ La fonction **argumentative** entre dans le cadre d'une démonstration, comme preuve ou exemple.

CONCLURE

La description, qui permet de présenter un lieu ou un personnage, n'est pas seulement utilitaire : elle comporte une dimension esthétique évidente et mérite à ce titre autant de considération que la narration.

Le récit réaliste

19

QUIZ p. 45

Dès les premiers récits de l'Antiquité, les écrivains ont cherché à produire des fictions vraisemblables. Mais avec les grands cycles romanesques du XIXe siècle, le réalisme devient un véritable mouvement littéraire.

1 Le mouvement réaliste

A Stendhal et Balzac : les précurseurs

▶ Stendhal représente la **décevante réalité** de son époque, comme l'indique la célèbre formule mise en exergue dans *Le Rouge et le Noir* (1830) : la fiction romanesque a pour mission de dévoiler « la vérité, l'âpre vérité ».

▶ Balzac invente, avec sa *Comédie humaine* (écrite entre 1829 et 1850), le **roman total**, avec l'ambition démesurée de représenter l'intégralité de la société.

B De la peinture à la littérature

▶ En 1855, le mot « **réalisme** » apparaît, de façon péjorative d'abord, pour définir un nouveau **courant pictural** constitué autour de Gustave Courbet.

▶ Puis Champfleury (1856) et Duranty (1857) le revendiquent pour la littérature en prônant l'**objectivité romanesque** et sa **vertu didactique**.

▶ Le réalisme n'a cependant qu'une importance limitée comme courant littéraire : même Flaubert, son supposé chef de file, ne se considérait pas comme réaliste.

2 L'esthétique réaliste

Pour observer la réalité telle qu'elle est, le **roman** est le meilleur **outil d'investigation**.

▶ Sa **liberté formelle** et sa capacité à retranscrire, dans l'écoulement du temps, l'enchaînement logique des faits lui permettent de **suivre le fil d'une existence**. Les personnages y gagnent en épaisseur, et semblent prendre vie sous les yeux du lecteur.

▶ L'ambition de représenter la réalité dans ses moindres détails explique l'importance de la **description** dans le récit réaliste. Jamais gratuite, celle-ci permet au lecteur de se situer dans l'espace, elle lui donne l'impression d'être *dans* le lieu ou *face* au personnage décrit. Elle est ainsi l'un des moyens privilégiés pour produire un « effet de réel ».

▶ Les écrivains réalistes rivalisent d'inventions (formes, outils) pour épouser les contours de la réalité. Ainsi complexifient-ils les **jeux de focalisation** :
– Balzac favorise la focalisation zéro et fait du narrateur un démiurge omniscient ;
– Stendhal ou Flaubert explorent les ressources de la focalisation interne, qui donne accès à l'intériorité du personnage.

3 *Les thèmes réalistes*

▶ Le récit réaliste s'intéresse au **présent** et s'inspire de la **vie réelle**. Stendhal tire *Le Rouge et le Noir* d'un fait divers lu dans un journal, Flaubert fait de même pour *Madame Bovary*. Les réalistes s'intéressent à l'influence grandissante de la classe bourgeoise, ils décrivent le règne de l'argent et les réalités de la vie parisienne et provinciale.

▶ Loin de l'idéalisation et de l'héroïsme romantiques, le réalisme tente de représenter la **banalité de l'existence.** Flaubert avait même pour ambition d'écrire « un livre sur rien » : *L'Éducation sentimentale*, roman d'une vie médiocre et d'occasions ratées, la réalise en partie.

▶ La **laideur** et l'**immoralité** deviennent ainsi des sujets littéraires, au risque de choquer. Au moment de la parution de *Madame Bovary* (1857), un procès est intenté à Gustave Flaubert : le roman est accusé d'être « la négation du beau et du bon », et même de multiplier les « outrages à la morale publique et aux bonnes mœurs » !

CONCLURE

Bien qu'il ait eu une existence limitée dans le champ littéraire, le mouvement réaliste est donc d'une grande importance dans l'histoire du genre romanesque. Stendhal, Balzac et Flaubert ont posé les fondations du récit réaliste qui, aujourd'hui encore, reste l'un des modèles littéraires les plus répandus.

Le récit naturaliste

20

QUIZ p. 45

Le naturalisme succède au réalisme, il en radicalise les principes. À la différence du réalisme, il constitue une véritable école littéraire autour de Zola.

1 Le mouvement naturaliste

▶ Le naturalisme naît avec la publication du roman des **frères Goncourt** *Germinie Lacerteux* (1865).

▶ C'est Émile **Zola** qui, très vite, apparaît comme le maître d'œuvre du mouvement. Après *Thérèse Raquin* (1867), il se lance dans l'important cycle romanesque intitulé ***Les Rougon-Macquart***. Cette immense fresque sociale finalement constituée de vingt volumes domine, de 1871 jusqu'en 1893, l'histoire du naturalisme.

▶ Zola explicite les principes du mouvement dans une série de **textes théoriques** : *Le Roman expérimental* (1880), *Les Romanciers naturalistes* (1881).

▶ De jeunes écrivains, admirateurs de Zola et des frères Goncourt, se groupent autour d'eux, constituant une **école naturaliste** : Huysmans, Mirbeau et Maupassant.

▶ Par la suite pourtant, ces disciples prennent leurs distances avec le naturalisme, lui reprochant par exemple d'avoir une vision trop mécanique de la réalité.

2 L'esthétique naturaliste

A Principes

▶ Les écrivains naturalistes tirent parti des avancées scientifiques de leur temps : ils travaillent sur les **découvertes de la médecine** et de **la psychologie**, Maupassant sur la folie (*Le Horla*, 1887), les frères Goncourt sur l'hystérie féminine (*Germinie Lacerteux*, 1865).

▶ Zola s'appuie sur les **lois de l'hérédité** : son cycle des *Rougon-Macquart*, sous-titré « Histoire naturelle et sociale d'une famille sous le second Empire », montre comment des tares héréditaires se transmettent sur plusieurs générations.

B Moyens et techniques

▶ Pour obtenir une représentation exacte de la réalité, les romanciers naturalistes accompagnent leur approche scientifique d'une exigence d'objectivité qui les conduit à mener de véritables **enquêtes préparatoires** : avant d'écrire *Le Ventre de Paris* (1873), Zola arpente les Halles de Paris, couvrant son carnet de croquis et de notes.

▶ Du point de vue des techniques narratives, les romanciers naturalistes privilégient la **focalisation interne** : en adoptant le regard d'un personnage, elle donne au lecteur l'impression de participer directement à la fiction. De la même manière, l'usage du **discours indirect libre** permet au romancier d'adopter les mots et la syntaxe de ses personnages.

3 *Les thèmes naturalistes*

▶ Le naturalisme va plus loin encore que le réalisme dans son exploration de la société française : il s'intéresse à **tous les milieux**, dont certains font avec lui leur entrée en littérature. Zola consacre certains volumes des *Rougon-Macquart* au monde ouvrier ou au petit peuple parisien.

▶ Les **personnages** naturalistes sont **souvent ordinaires** : Maupassant raconte dans *Une vie* (1883) l'existence banale d'une femme sans originalité. Leurs destins sont très éloignés de l'idéalisation romantique : Zola aborde, dans *Les Rougon-Macquart*, des questions telles que la prostitution, l'alcoolisme ou la folie criminelle.

▶ Le naturalisme fut longtemps accusé d'avoir une **fascination complaisante pour les bas-fonds** les plus sordides : on pourrait lui savoir gré, au contraire, d'avoir élevé à la dignité du roman tout un peuple de personnages qui, jusque-là, n'y avaient pas accès.

CONCLURE

Les points communs sont donc nombreux entre le réalisme et le naturalisme ; celui-ci, sous l'impulsion de Zola, a cherché à aller plus loin encore que ses maîtres Balzac et Flaubert, au risque d'épuiser les ressources du récit réaliste dans une objectivité excessive.

Quiz express 21

Vérifiez que vous avez bien retenu les points importants

fiches 17 à 20

1 La focalisation

« Elle s'appuie de l'autre main au bras du fauteuil et se penche vers lui, si près que leurs têtes sont l'une contre l'autre. Il murmure quelques mots : un remerciement, sans doute. » De quel type de focalisation cet extrait de *La Jalousie* d'Alain Robbe-Grillet relève-t-il ?

- ☐ a. focalisation externe
- ☐ b. focalisation interne
- ☐ c. focalisation zéro

2 Les formes de la description

Que dit-on d'une description lorsqu'on la qualifie de « subjective » ?

- ☐ a. qu'elle comporte des marques de jugement ou témoigne de réactions affectives
- ☐ b. qu'elle s'attache aux détails de l'objet décrit
- ☐ c. qu'elle est prise en charge par un personnage

3 Le récit réaliste

	Vrai	Faux
1. Le réalisme est un véritable mouvement littéraire, constitué autour de romanciers reconnus.	☐	☐
2. Le récit réaliste trouve dans la description l'un de ses outils privilégiés.	☐	☐
3. Le récit réaliste cherche à représenter des existences banales.	☐	☐

4 Le récit naturaliste

	Vrai	Faux
1. Balzac est le chef de file du mouvement naturaliste.	☐	☐
2. Les auteurs naturalistes s'intéressent essentiellement à la haute société.	☐	☐
3. Le naturalisme s'appuie sur les découvertes scientifiques de son temps pour être au plus près de la réalité.	☐	☐

Corrigés !

Score : ... / 9

1 La focalisation

Fiche 17

Réponse a. Le narrateur se limite à des notations objectives, telles que les mouvements physiques. Il n'a pas accès aux pensées des personnages. Il enregistre les choses à distance, sans affect ni jugement.

2 Les formes de la description

Fiche 18

Réponses a et c. Une description subjective est faite en focalisation interne : le lecteur « voit » l'objet de la description à travers les yeux d'un personnage.

3 Le récit réaliste

Fiche 19

1. Faux. Plutôt qu'un véritable mouvement littéraire, le réalisme est une tendance, qui permet de saisir des points communs entre des auteurs de générations et d'ambitions différentes.

2. Vrai. La description, par les effets de réel qu'elle multiplie, permet d'accroître la vraisemblance du récit : c'est l'une des raisons pour lesquelles elle est si présente dans les récits réalistes, comme dans les romans de Balzac par exemple.

3. Vrai. Sans exclure les histoires hors du commun et les personnages héroïques, le récit réaliste s'intéresse surtout aux vies banales, aux existences médiocres, aux faits divers.

4 Le récit naturaliste

Fiche 20

1. Faux. Balzac est considéré comme un romancier réaliste, et appartient à la génération romantique. Zola est le chef de file du naturalisme.

2. Faux. Le cycle des *Rougon-Macquart* de Zola, notamment, a pour ambition de représenter la société tout entière, aussi bien les milieux ouvriers et paysans que les hautes sphères de la politique ou de la finance.

3. Vrai. Ainsi la psychologie et la toute nouvelle science de l'hérédité intéressent particulièrement les romanciers naturalistes ; la seconde permet une continuité thématique à l'intérieur des *Rougon-Macquart*, « Histoire naturelle et sociale d'une famille sous le second Empire ».

Récap' express 22

Le roman et la nouvelle au XIXe siècle

CINQ POINTS CLÉS

▶ L'**incipit** est un moment décisif : c'est le seuil par lequel le lecteur entre dans le monde de la fiction.

▶ Pour analyser un roman ou une nouvelle, il faut étudier sa construction, la façon dont les événements s'enchaînent, le rythme qu'adopte le narrateur, etc. : il faut toujours être attentif au **traitement du temps** dans le récit.

▶ Le **point de vue** d'où le narrateur regarde la scène et rapporte les événements est essentiel : il fait souvent comprendre quel jugement l'auteur porte sur ses créatures.

▶ Une **description** réussie procure un véritable plaisir de lecture. Surtout, elle aide le lecteur à se représenter la scène et contribue à lui donner une impression de réalité.

▶ Dans les romans et les nouvelles du XIXe siècle, il faut repérer par quels procédés, « effets de réel » ou « petits faits vrais », l'auteur parvient à créer **l'illusion de la réalité**.

CINQ CITATIONS

▶ Citation 1

> [...] faire concurrence à l'État-Civil.
>
> ■ Balzac, « Avant-Propos » de *La Comédie humaine*, 1842.

Le réalisme a l'ambition de représenter la totalité de la société, passant en revue les différents types qui la composent.

▶ Citation 2

> Eh, monsieur, un roman est un miroir qui se promène sur une grande route. Tantôt il reflète à vos yeux l'azur des cieux, tantôt la fange des bourbiers de la route.
>
> ■ Stendhal, *Le Rouge et le Noir*, II, 19, 1830.

On ne peut accuser le roman d'être immoral : il n'invente pas mais reflète une réalité humaine et sociale qui est immorale.

▶ Citation 3

> *Madame Bovary* n'a rien de vrai. C'est une histoire totalement inventée ; je n'y ai rien ni de mes sentiments, ni de mon existence. L'illusion (s'il y en a une) vient au contraire de l'impersonnalité de l'œuvre.
>
> ■ Flaubert, « Lettre à Mlle Leroyer de Chantepie », 18 mars 1857.

La question de la focalisation est centrale dans le récit réaliste : elle est le moyen par lequel l'auteur est présent dans l'œuvre tout en s'effaçant derrière la narration. C'est ce qui caractérise l'objectivité paradoxale du roman réaliste.

▶ Citation 4

> Le romancier naturaliste affecte de disparaître complètement derrière l'action qu'il raconte. Il est le metteur en scène caché du drame. Jamais il ne se montre au bout d'une phrase.
>
> ■ Zola, *Le Roman expérimental*, 1880.

La continuité entre « l'impersonnalité » flaubertienne et l'objectivité zolienne apparaît là de façon claire.

▶ Citation 5

> [Le but du romancier réaliste] n'est point de nous raconter une histoire, de nous amuser ou de nous attendrir, mais de nous forcer à penser, à comprendre le sens profond et caché des événements.
>
> ■ Maupassant, Préface de *Pierre et Jean*, 1888.

L'ambition de la fiction réaliste est de révéler au lecteur et de lui faire comprendre le monde dans lequel il vit.

La tragédie et la comédie au XVIIe siècle

23

QUIZ p. 63

Le théâtre connaît un âge d'or au XVIIe siècle. Les auteurs les plus célèbres de cette époque sont presque tous dramaturges : Corneille, Molière et Racine ont écrit parmi les plus belles pages de l'histoire théâtrale.

Comment ont-ils contribué à définir les principes des deux grands genres que sont la tragédie et la comédie ? Quelles sont les particularités du théâtre classique ?

1 Les spécificités du texte théâtral

A Un texte fait pour être vu

▶ Il faut au préalable définir ce qui distingue le genre dramatique des autres grands genres littéraires.

▶ **Le théâtre est fait pour être vu plus que pour être lu.** À ce titre, le texte d'une pièce diffère d'un poème, d'un roman ou d'un essai : le fait d'être écrit pour être représenté et mis en scène engage un certain nombre de spécificités.

B Les questions qui se posent

▶ En quoi le théâtre se distingue-t-il des autres genres littéraires ? Comment le texte prévoit-il les conditions de sa propre représentation ? Nous le verrons en abordant, dans la FICHE 20, les caractéristiques du **texte de théâtre**, en distinguant en particulier les didascalies des dialogues et des monologues.

▶ Comment la pièce de théâtre est-elle construite ? Quels principes d'organisation la régissent ? Le XVIIe siècle a largement fixé pour la pièce de théâtre un modèle que nous décrirons dans la FICHE 21, consacrée à la **structure de la pièce classique.**

▶ Quelles sont les particularités du personnage de théâtre ? Pourquoi faut-il le considérer comme une force agissante, plutôt qu'un individu à la psychologie réaliste ? Tel est l'objet de la FICHE 22, qui s'intéresse au **schéma actantiel.**

2 Les grands genres du théâtre au XVIIe siècle

▶ Le **théâtre du XVIIe siècle** se résume essentiellement à la **comédie** et à la **tragédie**. Quelles sont leurs caractéristiques respectives ? Comment se définissent-elles, notamment dans leur opposition ? Quels sont leurs sous-genres et leurs principaux auteurs ?

▶ La **comédie** classique exploite des ressources très variées, et s'incarne dans des modèles très différents : quels sont les procédés qui, de la farce à la comédie de mœurs, font rire les spectateurs ? La FICHE 23 répondra à ces interrogations.

▶ Le genre tragique, au XVIIe siècle, hésite entre **tragi-comédie baroque** et **tragédie classique**. Quelles sont les différences entre ces deux formes ? Quels sont les éléments qui font de la tragédie le grand genre du siècle ? Telles sont les questions qu'abordera la FICHE 24.

3 Le théâtre classique et les règles

▶ Le théâtre du XVIIe siècle est indissociable du classicisme, brève période (seconde moitié du siècle) pendant laquelle les écrivains français ont recherché la **mesure**, la **pureté** et le **naturel**.

▶ Les genres littéraires ont ainsi été codifiés, en particulier le théâtre qui gagne même une dimension morale : au nom de l'utilité du spectacle, les dramaturges cherchent à **délivrer un enseignement aux spectateurs**. La comédie dénonce les ridicules et tourne en dérision les défauts humains, la tragédie édifie par le spectacle terrifiant des déchéances que les passions provoquent.

▶ Nous verrons donc dans la FICHE 25 quelles sont les **règles** que le classicisme a peu à peu imposées au théâtre : à quoi sert la règle des trois unités ? Qu'appelle-t-on les bienséances ?

Le texte de théâtre

24

QUIZ p. 63

Certains éléments du texte théâtral doivent être prononcés par les acteurs, mais d'autres guident le travail de mise en scène et ne doivent pas être proférés.

1 Les didascalies

Les didascalies désignent tout ce qui, dans le texte de théâtre, n'est pas prononcé par les comédiens. Rares dans le théâtre classique, elles ont une importance grandissante au XXe siècle.

A Les didascalies externes

▶ Les **didascalies initiales** comprennent tout ce qui précède le texte proprement dit : liste des personnages, informations sur les lieux et le moment où se situe l'action.

▶ Les **indications scéniques** englobent toutes les remarques sur le lieu (par exemple un objet dont la présence est spécifiée) ou le temps (par exemple lorsque le comédien doit faire une pause avant de prononcer la suite de sa réplique), et toutes les indications données au comédien sur le ton ou la gestuelle.

B Les didascalies internes

▶ Ce sont des indications directement **prises en charge par le dialogue**, comme dans cette réplique d'Auguste dans *Cinna* de Corneille (V, 1) qui indique à l'acteur les mouvements à accomplir : « Prends un siège, Cinna. »

2 Le dialogue

▶ C'est l'ensemble des propos échangés par les personnages, quelle que soit leur longueur. Le dialogue théâtral s'inscrit dans une situation de communication qu'on appelle la **double énonciation** : à un premier niveau énonciatif, un personnage parle à un autre personnage, mais, à un second niveau, l'auteur parle aux spectateurs par l'intermédiaire des personnages.

▶ La **réplique** désigne les paroles qu'un personnage prononce lorsque celui qui parle avant lui a fini de parler, et avant que celui qui parle après lui ne prenne la parole.

▶ Le dialogue théâtral est donc constitué d'un échange de répliques, dont la longueur est très variable :
– la **répartie** est une réplique rapide, souvent spirituelle ;
– la **stichomythie** est un échange de répliques très brèves ;
– la **tirade** est une longue réplique ;
– le **récit théâtral** est une longue tirade, où un messager expose aux autres personnages et aux spectateurs une succession d'actions qui n'ont pu être représentées sur scène ; c'est le cas du récit de la mort d'Hippolyte par Théramène dans *Phèdre* de Racine.

3 *Le monologue*

▶ Dans certains cas, un personnage parle seul sur scène, sans autre destinataire que lui-même (et les spectateurs) : on parle alors de **monologue**. Parfois critiqué pour son invraisemblance, le monologue permet d'exposer l'intériorité du personnage et de clarifier ses intentions.

▶ Certains types de répliques se rapprochent du monologue :
– dans le **soliloque**, le personnage ne s'adresse à personne, pas même à lui-même, et semble divaguer ;
– les **stances** sont écrites à la manière d'un poème, avec des vers de longueur variable ; l'exemple le plus célèbre en est le monologue de Rodrigue dans le *Cid* (I, 6) ;
– l'**aparté** est prononcé à l'intérieur d'un dialogue, mais les autres personnages ne sont pas censés l'entendre ; il est destiné à celui qui le prononce, comme s'il pensait à haute voix, et indirectement aux spectateurs ;
– l'**adresse au public** se distingue de l'aparté : le personnage s'adresse explicitement aux spectateurs, comme s'il brouillait les deux niveaux de la double énonciation.

CONCLURE

Le fait de distinguer les didascalies d'une part, le dialogue et le monologue d'autre part révèle la spécificité du texte théâtral : comme il est fait pour être représenté, certaines de ses composantes s'adressent à l'acteur et au metteur en scène, et non pas au spectateur.

La structure de la pièce classique

25

QUIZ p. 63

Au XVIIe siècle, la construction des pièces de théâtre suit des modèles relativement figés. Le nombre d'actes, le déroulement de l'exposition ou du dénouement, la nature des péripéties sont ainsi réglés par la tradition.

1 Les séquences du texte théâtral

A L'acte

▶ C'est la **division fondamentale** de la pièce de théâtre. Les différents actes d'une pièce sont généralement d'une durée à peu près égale.

▶ Une **tragédie** compte souvent **cinq actes**, une **comédie trois**. Pour rapprocher du genre noble certaines de ses comédies dites « sérieuses » (*Dom Juan*) ou de ses farces (*Les Fourberies de Scapin*), Molière les écrit en cinq actes.

B L'entracte

▶ C'est le **temps qui sépare deux actes**. Il permettait à l'origine de changer les bougies.

▶ L'action est censée se poursuivre **en coulisses**. Cela permet de situer pendant l'entracte les actions que l'on ne peut pas montrer, telle la victoire de Rodrigue contre les Maures, entre les actes III et IV du *Cid* de Corneille.

C La scène

▶ Elle apparaît au début du XVIIe siècle. Elle **sépare l'acte** en plusieurs **séquences distinctes**, en fonction du mouvement des personnages : dès qu'un personnage entre ou sort, on passe à la scène suivante.

2 L'organisation de l'action

A L'exposition

▶ Première étape de l'action théâtrale, elle donne les éléments nécessaires à la **compréhension de l'intrigue**. Elle présente les principaux personnages, leurs liens et l'amorce des conflits qui constituent l'action.

▶ Elle doit être **claire** et **rapide :** au mieux, elle n'occupe que la première scène ; le plus souvent, elle correspond à l'ensemble du premier acte.

▶ Pour éviter l'invraisemblance et l'ennui, le dramaturge n'utilise pas un long monologue introduisant de façon explicite les enjeux de la pièce. Il recourt plutôt à l'**exposition *in medias res*** (« au milieu de l'action ») : les informations sont données au fil d'un dialogue entre le personnage principal et son valet ou confident.

B Le nœud

▶ Le nœud désigne le moment où des **obstacles** viennent contrarier le déroulement de l'action. Il dure jusqu'à la fin de la pièce, où il sera « dénoué ». Il occupe donc l'essentiel de l'action, et correspond aux actes centraux.

C Les péripéties

▶ Elles introduisent des **éléments nouveaux** dans ce nœud. Au sens strict, la péripétie est un retournement complet de situation mais le mot a fini par désigner tous les rebondissements d'une pièce.

D Le dénouement

▶ Il est l'**ultime étape** de l'action théâtrale. Il occupe le dernier acte de la pièce ; il fait disparaître les obstacles et fixe le sort de tous les personnages de l'intrigue.

▶ Il doit être **nécessaire**, c'est-à-dire découler logiquement du nœud et des péripéties. Cela interdit le recours au *deus ex machina*, personnage inattendu (dieu ou roi) qui arrivant sur scène lèverait, par son pouvoir, tous les obstacles.

▶ Il doit aussi être **rapide** et **complet**, ne pas laisser sans réponses des questions soulevées par le nœud.

▶ Le dénouement d'une **tragédie** est généralement **malheureux** : le mot *catastrophe* désigne, en grec ancien, le dénouement d'une tragédie. Celui d'une **comédie**, souvent **heureux**, se conclut traditionnellement par un mariage.

CONCLURE

Le dramaturge de l'âge classique s'efforce de composer avec des règles et des usages, qui fournissent un cadre général dans lequel l'intrigue doit s'insérer.

Le schéma actantiel

26

QUIZ p. 63

Le personnage de théâtre se définit d'abord par ses faits et gestes, et par les rapports qui l'unissent aux autres personnages.

1 Définition

Le schéma actantiel est un bon moyen de **résumer l'intrigue** d'une pièce, et de **montrer les liens** qui unissent les personnages ; surtout, il permet de souligner à quel point les personnages sont pris dans des rapports de forces.

A Les fonctions

▶ Le **sujet** mène l'action ; il est en général le personnage au cœur de l'intrigue principale, et c'est souvent lui qui donne son nom à la pièce.

▶ L'**objet** est ce que recherche, désire le sujet ; ce peut être une idée abstraite (le pouvoir) ou un personnage (une femme).

▶ Le **destinateur** est la force qui incite le sujet à agir, le désir qui le pousse vers l'objet ; le plus souvent, c'est une idée abstraite (l'amour, l'ambition), mais ce peut être aussi un personnage (un père poussant son fils à agir).

▶ Le **destinataire** est le bénéficiaire de l'action : le sujet lui-même, mais celui-ci peut aussi agir pour le bénéfice d'un autre personnage, voire pour une idée abstraite (par exemple, le bien de l'humanité).

▶ L'**adjuvant** aide le sujet dans la réalisation de son désir tandis que l'**opposant** est l'adversaire du sujet, généralement parce qu'il désire le même objet que lui.

B Le schéma

▶ On peut décrire les liens unissant les personnages et les fonctions actantielles par un schéma simple.

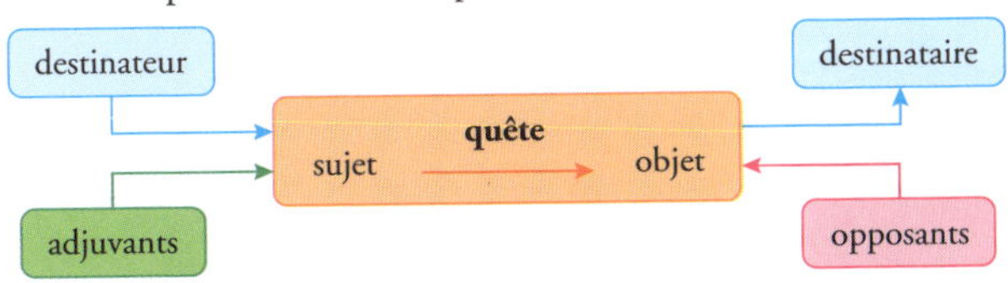

2 *L'exemple de L'Avare de Molière (1688)*

▶ L'intrigue de cette comédie peut être résumée ainsi :

Les enfants d'Harpagon, Élise et Cléante, veulent se marier, mais en sont empêchés par l'avarice de leur père. Élise aime Valère, qui pour se rapprocher d'elle s'est fait engager par Harpagon comme intendant ; Cléante, amoureux de la belle Mariane, n'a quant à lui pas les moyens de lui faire la cour. Harpagon a d'autres plans pour eux : il veut marier sa fille à un riche vieillard, et épouser lui-même Mariane. L'opposition entre les générations culmine avec l'affrontement du père et du fils, mais la découverte du vol de la cassette dans laquelle Harpagon garde une importante somme d'argent bouscule tout. À la recherche de son or disparu, Harpagon découvre la liaison de sa fille et de Valère, faussement accusé du larcin. Heureusement, Anselme, le riche promis d'Élise, se révèle être le père de Valère et de Mariane ! Cette extraordinaire scène de reconnaissance permet la résolution de l'intrigue : Élise et Cléante peuvent se marier avec les personnes qu'ils aiment, et Harpagon récupère sa cassette.

▶ Un schéma actantiel relativement simple permet de rendre compte de cette intrigue :

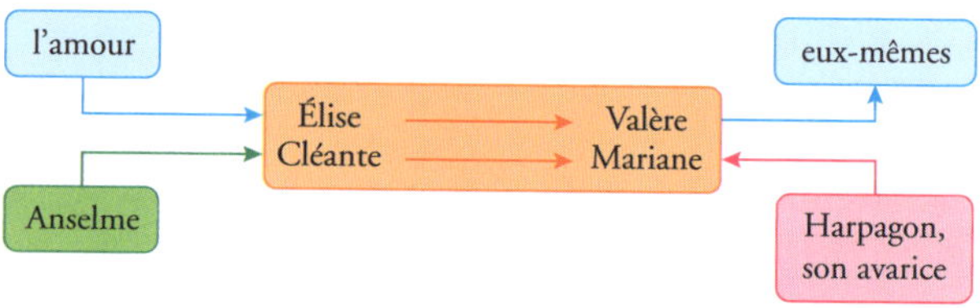

CONCLURE

Comme l'écrit Aristote dans *La Poétique* à propos du théâtre, « il s'agit avant tout d'une représentation d'action et, par là seulement, d'hommes qui agissent ». Le schéma actantiel nous rappelle qu'au théâtre, les personnages sont les supports d'une action avant d'être des caractères individualisés.

La tragédie au XVIIe siècle

28

? QUIZ p. 63

La tragédie naît comme la comédie dans l'Antiquité grecque, mais elle connaît une existence plus intermittente : si elle fut le genre dominant du théâtre français du XVIe au XVIIIe siècle, son âge d'or correspond surtout au XVIIe siècle.

1 La tragi-comédie baroque

▶ Son nom est trompeur : il ne désigne pas un mélange de tragédie et de comédie, ni même une tragédie qui finirait bien. La tragi-comédie, genre caractéristique du théâtre **baroque** (fin du XVIe et début du XVIIe siècle), est une tragédie **irrégulière.**

▶ Elle est caractérisée par :
– des **intrigues multiples ;**
– l'**absence d'unité** de temps ou de lieu ;
– la présence d'**invraisemblances** ;
– un goût prononcé pour les **coups de théâtre** et les rebondissements inattendus ;
– les nombreuses **péripéties romanesques** (enlèvements, déguisements, assassinats, reconnaissances…)

2 La tragédie classique

La tragédie est un **genre noble**, qui s'est peu à peu codifié à partir des années 1630, en se fondant sur les principes développés par le philosophe grec Aristote dans la *Poétique* (IVe siècle av. J.-C.).

A Les personnages

▶ Qu'ils soient d'origine légendaire ou historique, ils sont d'un **rang élevé**, héros de la mythologie (Thésée dans *Phèdre* de Racine) ou empereurs de l'histoire romaine (Néron dans *Britannicus* de Racine).

B Le sujet

▶ Il doit lui aussi être noble ; il est généralement **emprunté à la mythologie** (*Iphigénie* de Racine) ou **à l'histoire** (*Horace* de Corneille tire son intrigue de la bataille des Horaces et des Curiaces, célèbre épisode de l'histoire romaine).

▶ Les **thèmes** abordés sont donc essentiellement **politiques** ou **amoureux** : l'héroïsme (*Le Cid*, Corneille), le devoir (*Horace*, Corneille), la passion (*Phèdre*, Racine).

C Le dénouement

▶ Il est généralement **malheureux** et **funeste** : la tragédie s'achève souvent par la mort du héros ou de l'héroïne.

▶ Il arrive néanmoins qu'il soit **heureux** : à la fin du *Cid*, Rodrigue et Chimène s'unissent ; au dénouement de *Cinna* de Corneille, Auguste fait preuve de clémence et pardonne à tous.

D Les fonctions de la tragédie

▶ Elle cherche à **émouvoir** le spectateur pour lui plaire, c'est pourquoi elle exploite souvent le registre pathétique.

▶ Selon la définition d'Aristote, elle cherche aussi à inspirer « **terreur** et **pitié** » pour que puisse s'effectuer la *catharsis*. Cette notion, traduite par « purgation des passions », laisse entendre que le spectateur **se libère de ses propres passions** (telles que l'orgueil ou l'ambition) par le spectacle du sort funeste qu'elles provoquent chez les personnages qui en sont habités.

▶ La tragédie ne cherche donc pas seulement à **plaire** : elle a aussi pour fonction d'**instruire** le spectateur.

3 La tragédie après le XVIIe siècle

▶ Au XVIIIe siècle, la tragédie reste le genre majeur, qui consacre un auteur. Voltaire, de son vivant, passait pour l'égal d'un Corneille ou d'un Racine ! Pourtant, la tragédie du XVIIIe siècle ne renouvelle pas le genre.

▶ Elle connaît ensuite un **lent déclin**, jusqu'aux années 1930 et 1940 où l'on assiste à une sorte de **renaissance tragique** : des auteurs tels que Camus, Sartre, Anouilh ou Giraudoux réécrivent les tragédies antiques.

CONCLURE

Bien qu'elle ait connu une histoire nettement plus brève que la comédie, la tragédie n'en a pas moins donné à la littérature française quelques-unes de ses plus belles pages : les pièces de Corneille et de Racine restent des modèles du genre.

Les règles du théâtre classique

29

QUIZ p. 63

Le théâtre cherche à donner au spectateur l'impression qu'il assiste à une action véritable, et non pas à une simple représentation ; pour parvenir à créer cette illusion et fonder cette vraisemblance, le théâtre classique a progressivement élaboré un certain nombre de règles.

1 *La vraisemblance*

▶ Les règles élaborées à partir des années 1630 reposent sur ce **principe fondamental.** L'abbé d'Aubignac le définit même, dans *La Pratique du théâtre* (1657), comme « l'essence du poème dramatique, et sans laquelle on ne peut rien faire ni rien dire de raisonnable sur la scène ».

▶ Elle fait que le spectateur considère comme vraie l'action qu'il voit représentée, même s'il sait qu'elle n'est pas réelle. Elle implique que **l'action** soit **rationnelle**, et que l'intrigue ait une **cohérence générale.**

▶ La célèbre formule de *L'Art poétique* de Boileau (1674), « le vrai peut quelquefois n'être pas vraisemblable », doit donc se comprendre ainsi : il arrive, dans la vie réelle, que le hasard produise des faits incroyables ; le théâtre, quant à lui, ne doit montrer que des événements crédibles.

2 *Les bienséances*

Au XVIIe siècle, on désigne par « bienséance » le fait que la pièce représentée respecte certains principes de cohérence.

▶ Le **personnage** dramatique doit en effet :
– **ne pas changer de caractère** au cours de la pièce : Rodrigue est héroïque depuis le début du *Cid* de Corneille jusqu'au dénouement ;
– **agir conformément à son rang :** un roi ne peut recourir à la ruse ou au mensonge comme le ferait un valet de comédie ;
– **respecter ce que le spectateur sait** déjà de lui : sur scène comme dans l'histoire ou la mythologie, Néron est tyrannique et Achille impétueux.

Ces principes sont parfois appelés **bienséance interne.**

▶ Une forme de cohérence doit aussi régner entre la scène et la salle : ce qui choquerait dans la vie réelle risque, une fois porté à la scène, de choquer aussi le public du théâtre. Pour cette raison, un certain nombre de **réalités** sont **censées ne pas être représentées directement** :
– la violence, et notamment la mort ;
– les réalités corporelles, et notamment sexuelles.
Ces principes sont parfois appelés **bienséance externe**.

3 *La règle des trois unités*

Pour assurer la vraisemblance de la pièce, les dramaturges classiques tentent de rapprocher ce qui se passe sur scène de ce qui se passe dans la salle ; ils respectent alors la règle des trois unités.

▶ L'**unité de lieu** tient au fait que le spectateur de théâtre reste au même endroit pendant le spectacle. Puisqu'il ne change pas de lieu, la scène doit elle aussi représenter un endroit unique, ce qui conduit à privilégier des lieux intermédiaires (le cabinet d'un roi, l'antichambre d'un palais).

▶ L'**unité de temps** tient au fait que le temps de la représentation est limité ; celui de l'action théâtrale doit s'en approcher le plus possible. Mais le temps étant une réalité subjective, on considère qu'aux quelques heures de la représentation peuvent correspondre jusqu'à vingt-quatre heures.

▶ L'**unité d'action** est la conséquence des deux précédentes ; en un seul lieu, en un jour au plus, seule une action principale peut se dérouler ; les intrigues secondaires s'y rattachent nécessairement. Comme le dit Mairet, « il y doit avoir une maîtresse et principale action à laquelle toutes les autres se rapportent comme les lignes de la circonférence au centre » (Préface de *La Silvanire*, 1631).

CONCLURE

Au XVIIe siècle, les règles qui régissent le spectacle théâtral ne sont donc pas des contraintes arbitraires et gratuites : censées favoriser la vraisemblance de la représentation et donc l'intérêt du spectateur, elles stimulent finalement la créativité des dramaturges, qui en tirent parfois des effets saisissants.

Quiz express 30

Vérifiez que vous avez bien retenu les points importants fiches 23 à 29

1 *Le texte de théâtre*

Dans quel cas y a-t-il un aparté ?

☐ a. lorsqu'un personnage, seul sur scène, pense à haute voix

☐ b. lorsqu'un personnage, à l'intérieur d'un dialogue, prononce pour lui-même une réplique que les autres personnages ne sont pas censés entendre

☐ c. lorsqu'un personnage s'adresse directement aux spectateurs et les prend à témoin

2 *La comédie au XVIIe siècle*

	Vrai	Faux
1. Le quiproquo relève du comique de mots.	☐	☐
2. La comédie-ballet est intégralement dansée.	☐	☐
3. Le vaudeville comporte des passages chantés.	☐	☐
4. En Angleterre, la farce a pris la forme de la *commedia dell'arte*.	☐	☐

3 *La tragédie au XVIIe siècle*

	Vrai	Faux
1. Une tragédie se finit toujours mal	☐	☐
2. Genre noble, une tragédie ne met en scène que des personnages de rang élevé.	☐	☐
3. Une tragédie cherche à émouvoir le public et à l'instruire par les larmes.	☐	☐
4. Les sujets des tragédies sont empruntés à l'actualité politique.	☐	☐

4 *Les règles du théâtre classique*

Selon la règle des trois unités, l'unité d'action impose :

☐ a. que l'action se déroule en un même lieu et en un temps très limité

☐ b. que la pièce comporte une seule intrigue

☐ c. que les intrigues secondaires éventuelles sont reliées à l'intrigue principale : aucune ne se développe de façon autonome

Corrigés !

Score : ... / 10

1 Le texte de théâtre

Fiche 24

Réponse b. L'aparté est généralement signifié par la didascalie *à part*, qui montre bien que la réplique est prononcée à l'insu des autres personnages : c'est une sorte de commentaire que le locuteur se fait à lui-même. La réponse a correspond au monologue, et la réponse c à l'adresse au public.

2 La comédie au XVIIe siècle

Fiche 27

1. Faux. Le quiproquo (du latin *qui pro quo*, qui désigne la confusion par laquelle on prend quelqu'un pour un autre ou quelque chose pour autre chose) relève du comique de situation.

2. Faux. Dans la comédie-ballet, seuls les intermèdes sont dansés : ils viennent s'intercaler entre des scènes parlées.

3. Vrai. C'est vrai du vaudeville originel ; au cours du XIXe siècle, il perd ses passages chantés pour n'être plus qu'une comédie d'intrigue légère, sans prétention psychologique.

4. Faux. La *commedia dell'arte* est un genre italien.

3 La tragédie au XVIIe siècle

Fiche 28

1. Faux. Même si la plupart des tragédies connaissent un dénouement malheureux, certaines ont une fin plus heureuse (comme *Cinna* de Corneille).

2. Vrai. Les personnages principaux sont des héros légendaires ou des personnages historiques (rois et reines de l'Antiquité par exemple) ; même les personnages secondaires sont d'extraction noble.

3. Vrai. La *catharsis* définie par Aristote repose sur ce principe : s'instruire en compatissant au sort de personnages que leurs passions entraînent dans l'abîme.

4. Faux. Les tragédies empruntent leurs sujets au passé, historique ou mythologique.

4 Les règles du théâtre classique

Fiche 29

Réponse c. Puisque l'action se déroule en un seul lieu (unité de lieu) et en un temps très limité (unité de temps), il est logique qu'elle se concentre autour d'une seule action principale et de ses ramifications secondaires.

Récap' express 31

La tragédie et la comédie au XVIIe siècle

TABLEAU RÉCAPITULATIF

	Tragédie (genre noble)	Comédie (genre bas)
Thème	le pouvoir, les passions, l'héroïsme	l'amour, les conventions sociales, le ridicule
Action	empruntée à l'Antiquité, à la mythologie, à la Bible	empruntée à la vie quotidienne
Rang des personnages	élevé : héros légendaires ou historiques	moyen ou modeste : bourgeois, paysans, valets
Époque	l'Antiquité, l'époque biblique	contemporaine de l'auteur et du public
Lieu	un palais	intérieur bourgeois, la rue d'une ville…
Dénouement	malheureux sauf exception, voire sanglant	souvent heureux (un mariage)
Forme du texte	5 actes, en vers généralement	3 actes, en prose généralement
Style	sublime, langage soutenu	bas, langage courant voire familier
Effet visé	terreur et pitié	rire

QUATRE CITATIONS

▶ **Citation 1**

> Qu'en un lieu, qu'en un jour, un seul fait accompli
> Tienne jusqu'à la fin le théâtre rempli.
>
> ■ Boileau, *L'Art poétique*, III, 1674.

Formulation limpide de la règle des trois unités : la scène doit être « rempli[e] » d'une action principale (« un seul fait accompli »), qui se déroule en un seul lieu et une seule journée.

▶ Citation 2

> Le devoir de la comédie [est] de corriger les hommes en les divertissant.
>
> ■ Molière, *Tartuffe*, Premier placet, 1669.

La comédie ne vise pas seulement à faire rire : en ridiculisant les défauts humains, elle instruit les spectateurs et les incite à corriger leurs défauts. Molière reprend une célèbre formule latine, attribuée au poète Horace : *castigat ridendo mores* (la comédie « corrige les mœurs par le rire »).

▶ Citation 3

> En un mot, dans les pièces sérieuses, il suffit, pour n'être point blâmé, de dire des choses qui soient de bon sens et bien écrites ; mais ce n'est pas assez dans les autres, il y faut plaisanter, et c'est une étrange entreprise que celle de faire rire les honnêtes gens.
>
> ■ Molière, *Critique de* L'École des femmes, 1663.

Écrire une comédie est un art difficile : faire rire le public avec des personnages réalistes est une tâche complexe.

▶ Citation 4

> Ce n'est point une nécessité qu'il y ait du sang et des morts dans une tragédie ; il suffit que l'action en soit grande, que les acteurs en soient héroïques, que les passions y soient excitées, et que tout s'y ressente de cette tristesse majestueuse qui fait tout le plaisir de la tragédie.
>
> ■ Racine, Préface de *Bérénice*, 1671.

La tragédie n'est pas nécessairement le spectacle d'un destin voué à la mort : sa grandeur tient à son style sublime, à sa capacité de provoquer les larmes du public.

La poésie du XIXe au XXe siècle

32

QUIZ p. 75

L'écriture poétique se distingue par l'attention qu'elle apporte au travail de la forme, plus encore que par ses thèmes : la poésie est d'abord un langage. Cependant, il ne faut pas la réduire à la vacuité d'un simple jeu sur les mots.

1 *Le recueil de poèmes*

▶ Il faut commencer par déterminer ce qui fait la **spécificité du langage poétique** : en quoi la poésie se distingue-t-elle des deux autres grands genres littéraires que sont le récit et le théâtre ?

▶ Sa différence apparaît d'emblée à quiconque feuillette un **livre de poésie** : il n'est pas composé d'un long récit continu, comme un roman, mais d'une multitude de pièces plus ou moins brèves. On parle ainsi, à son propos, d'un **recueil de poèmes.**

▶ Le statut de l'œuvre poétique est donc particulier : en lui-même, le **poème** constitue une **œuvre à part entière**, que l'on peut comprendre sans avoir recours aux autres poèmes du recueil.

▶ Cependant, il entretient avec eux des rapports étroits, aussi bien formels que thématiques. Aussi doit-on étudier l'**architecture globale** d'un recueil, et la façon dont les poèmes qui le composent dialoguent l'un avec l'autre.

2 *La forme poétique*

A Poésie et travail de la forme

▶ Pendant de longs siècles, la poésie s'est confondue avec le **vers.** Aujourd'hui encore, si l'on demande à quelqu'un de dire ce qui, à son avis, caractérise le mieux la poésie, il y a de grandes chances qu'il réponde « le vers » ou « la rime » ! Il est donc nécessaire de comprendre les principes qui régissent la **versification** : tel est l'objet de la FICHE 28.

▶ Le travail de la forme n'est pas seulement visible à l'échelle du vers : il apparaît aussi dans l'**ensemble du poème.** Quelles sont les formes de poèmes les plus populaires à travers les époques ?

Comment se caractérisent-elles ? C'est ce que nous verrons dans la FICHE 29, consacrée aux **poèmes à forme fixe**.

▶ Parmi ces poèmes, le **sonnet** a connu un succès particulier, c'est pourquoi nous lui consacrerons la FICHE 30.

B Vers une libération formelle

▶ L'histoire de la poésie ne se limite pas au vers et aux formes fixes : à partir de la **seconde moitié du XIXe siècle**, les **formes poétiques** se sont **progressivement libérées** des règles de la versification, au point de s'affranchir de la rime et du vers. La FICHE 31 abordera cette libération formelle.

3 *Les fonctions du poète et de la poésie*

▶ Il ne faut cependant pas réduire la poésie à sa stricte dimension formelle : au-delà de ses jeux sur la langue, la poésie cherche à dire quelque chose. Il faudra donc s'intéresser aux fonctions de la poésie et du poète.

▶ L'une de ses fonctions principales à travers les siècles semble avoir été de chanter le moi et le monde : telle est en tout cas la mission première de la **poésie lyrique**, que nous définirons dans la FICHE 32.

▶ Pour autant, on ne peut résumer la poésie à l'expression des émotions du poète : quelles sont donc les autres missions qu'elle s'est données ? La FICHE 33 définira les différentes **fonctions de la poésie**.

4 *Révolutions poétiques des XIXe et XXe siècles*

▶ Les années **1820-1940** constituent un moment capital dans l'histoire de la poésie, au cours duquel de nombreuses révolutions ont été accomplies.

▶ Quels sont donc, **du romantisme au surréalisme**, en passant par le Parnasse et le symbolisme, les **évolutions** qu'a connues la poésie ? Telle est la question à laquelle répondra la FICHE 34, qui porte sur l'histoire de la poésie du romantisme au surréalisme.

Les règles de la versification

33

QUIZ p. 75

Elles concernent les rythmes et les sonorités du poème, et sont exploitées de façon créative par les poètes.

Je fais souvent / ce rêv(e) // étrang(e) / et pénétrant
D'une femm(e) / inconnu(e), // et que j'aim(e), / et qui m'aim(e),
Et qui n'est, / chaque fois, // ni tout à fait / la mêm(e)
Ni tout à fait / un(e) autr(e), // et m'aim(e) / et me comprend.

■ Paul Verlaine, « Mon rêve familier », *Poèmes saturniens*, 1866.

1 *Le vers*

A Les types de vers

▶ On distingue les **vers pairs**, comme l'alexandrin (12 syllabes), le décasyllabe (10) ou l'octosyllabe (8) ; et les **vers impairs**, plus rares. Ici, Verlaine utilise l'alexandrin.

B La mesure du vers

Le type de vers dépend du nombre de syllabes qu'il comporte. On doit tenir compte de quelques principes :

– l'***e* muet** (ci-dessus entre parenthèses) s'élide en fin de vers (même lorsqu'il est suivi d'une marque de pluriel) et avant un mot commençant par une voyelle ou un *h* muet ;

– la **diérèse** permet de compter pour deux syllabes deux voyelles voisines, alors que la **synérèse** permet de compter pour une seule syllabe deux voyelles voisines.

C L'accentuation

▶ Vers simples (8 syllabes ou moins) et vers complexes (plus de 8 syllabes) comptent tous un **accent fixe** obligatoire sur la **dernière syllabe prononcée.**

▶ Les vers complexes comportent un **second accent fixe**, sur la quatrième syllabe pour le décasyllabe, sur la sixième syllabe pour l'alexandrin. Il détermine la place de la **césure** (notée //) qui se situe immédiatement après lui et qui partage le vers en deux **hémistiches** (« demi-vers »).

▶ À l'intérieur d'un vers simple, ou des hémistiches d'un vers complexe, un accent mobile (**accent secondaire** ou **flottant**) marque la dernière syllabe prononcée d'un groupe de mots. Sa place détermine celle de la **coupe** (notée /).

▶ Ainsi, le vers 2 se répartit en quatre mesures identiques 3/3//3/3. En revanche, le vers 1 est particulier. Il pourrait être scandé en 4/2//2/4, mais Verlaine fait comme si la césure n'existait pas et scande le vers en trois mesures égales (4/4/4) : « Je fais souvent / ce rêve étrang(e) / et pénétrant », sur le modèle du **trimètre romantique**.

D Effets de rythme

▶ L'**enjambement** : un groupe syntaxique déborde le cadre du vers et se prolonge dans le vers suivant (comme entre le vers 3 et le vers 4).

▶ Le **rejet** : un élément court est repoussé dans le vers suivant. Le **contre-rejet** est le phénomène inverse.

2 *La rime*

A Qualité

▶ Elle dépend du nombre de sons que partagent les mots à la rime (le -e muet ne comptant pas). On distingue la rime :
– **pauvre** (1 seul son commun) ;
– **suffisante** (2 sons communs : pénétrant/comprend) ;
– **riche** (3 sons ou plus : m'aim(e)/mêm(e)).

B Disposition

▶ Les **rimes** peuvent être :
– **plates** ou **suivies**, lorsqu'elles suivent le schéma *aabb* ;
– **croisées** sur le schéma *abab* ;
– **embrassées** sur le schéma *abba* (comme ici).

3 *La strophe*

▶ On identifie la **strophe traditionnelle** par le blanc typographique et par l'organisation des rimes. Les principaux modèles de strophes sont le **tercet** (trois vers), le **quatrain** (quatre vers) et le **sizain** (six vers).

CONCLURE

Les règles de la versification, bien que parfois très contraignantes, constituent le moyen privilégié par les poètes pour exploiter la musicalité de la langue.

QUIZ p. 75

Les poèmes à forme fixe sont composés sur un canevas formel très rigoureux, ne variant pas d'un auteur à l'autre, voire d'une époque à l'autre.

1 Les formes médiévales

C'est au Moyen Âge que la majorité des formes fixes ont été définies : les nombreux traités d'art poétique des XIVe et XVe siècles fixent les règles de composition de formes généralement héritées de la danse ou de la chanson.

A La ballade

▶ Elle comprend généralement **trois strophes suivies d'un envoi** (= une demi-strophe). Chaque strophe s'achève par un refrain identique, et l'envoi nomme le dédicataire du poème : l'envoi de la célèbre « Ballade des Pendus » de François Villon, dédie le poème à « Prince Jésus ».

▶ La ballade connaît de nombreuses variantes. On distingue la **petite ballade** (trois huitains d'octosyllabes suivis d'un quatrain en envoi) et la **grande ballade** (trois dizains de décasyllabes suivis d'un quintil en envoi). Quant au **chant royal**, il comporte cinq strophes et un envoi.

B Le rondeau

▶ Il doit son nom à la ronde que l'on dansait lorsqu'on le chantait à l'origine. Sa forme a beaucoup varié. Il s'agit, généralement, d'un poème constitué de **trois strophes** d'octosyllabes ou de décasyllabes, développées sur deux rimes seulement, et comprenant un **refrain**.

C Le triolet

▶ Parfois considéré comme ancêtre du rondeau, il est fondé sur la **répétition de vers entiers** et ne comprend que **deux rimes**. Les deux premiers vers sont répétés tels quels en finale, et le premier est par ailleurs repris comme quatrième vers.

2 *Les formes de la Renaissance*

Les poètes du XVIe siècle ont rejeté les formes médiévales : Du Bellay les considérait comme de véritables « épiceries » qui « corrompent le goût de notre langue ». Ils ont exploité de nouvelles formes, telles que le sonnet ou l'ode.

A Le sonnet

▶ Il fut popularisé par l'italien **Pétrarque** et importé en France au début du XVIe siècle, avec un succès immense (→ FICHE 30).

B L'ode

▶ Elle n'est pas tout à fait une forme fixe, dans la mesure où sa composition n'obéit pas à des règles de construction très strictes. Néanmoins, on la considère comme telle car elle est généralement constituée de **strophes identiques.**

▶ Héritée de l'Antiquité et remise à la mode par les poètes de la Pléiade, elle est vouée à la **célébration** ou à la **commémoration.** Ainsi, Ronsard consacre une ode à son ami et protecteur Michel de L'Hospital ; en d'autres odes il célèbre la beauté de la nature et fait l'éloge d'une source, d'une alouette ou d'une forêt.

3 *Les formes du XIXe siècle*

▶ Le XIXe siècle renouvelle l'intérêt des poètes pour les formes fixes : s'ils reprennent à leur compte le sonnet (→ FICHE 30), ils tentent également d'inventer (ou d'importer) de nouveaux modèles. C'est en particulier le cas du **pantoum,** forme d'origine malaise introduite dans la poésie française par les romantiques, comme Banville ou Hugo (« Pantoum malais », dans *Les Orientales*).

▶ Le pantoum comprend un nombre libre de **quatrains à rimes croisées,** généralement composés d'octosyllabes ou de décasyllabes. Un **système de reprise** relie une strophe à l'autre : le deuxième et le quatrième vers d'une strophe deviennent le premier et le troisième vers de la suivante.

CONCLURE

Le XIXe siècle est un moment charnière dans l'histoire des formes fixes poétiques : elles sont à la fois très populaires auprès des poètes, mais peu à peu contestées par la libération progressive des contraintes de la versification.

Le sonnet

35

QUIZ p. 75

Le sonnet est la forme fixe qui a connu la plus grande fortune : introduit dans la poésie française à la Renaissance, il n'a cessé d'inspirer les poètes.

1 L'invention du sonnet à la Renaissance

▶ Lorsqu'il est introduit en France, le sonnet comprend quatorze décasyllabes répartis en **deux quatrains** à rimes embrassées (*abba abba*) suivis d'**un sizain** correspondant à un distique suivi d'un quatrain à rimes croisées (*ccdede*). C'est le cas du célèbre sonnet de Louise Labé :

Tant que mes yeux pourront larmes épandre,
A l'heur passé avec toi regretter :
Et qu'aux sanglots et soupirs résister
Pourra ma voix, et un peu faire entendre :
Tant que ma main pourra les cordes tendre
Du mignard Luth, pour tes grâces chanter :
Tant que l'esprit se voudra contenter
De ne vouloir rien fors que toi comprendre :
Je ne souhaite encore point mourir.
Mais quand mes yeux je sentirai tarir,
Ma voix cassée, et ma main impuissante,
Et mon esprit en ce mortel séjour
Ne pouvant plus montrer signe d'amante :
Prierai la Mort noircir mon plus clair jour.

■ Louise Labé, *Sonnets*, 1555.

▶ Les poètes du XVIe siècle ont ensuite introduit quelques évolutions : l'**alexandrin** a supplanté le décasyllabe, et le système des rimes dans le sizain a connu de nombreuses variantes. Au premier modèle, surnommé « **sonnet français** », s'est ainsi ajoutée la forme du « **sonnet italien** » dont les rimes du sizain diffèrent (*ccdeed* et non plus *ccdede*).

▶ Les **libertés** prises avec le modèle original peuvent être plus grandes encore, comme lorsque des poètes privilégient dans les deux quatrains des rimes croisées (*abab*) plutôt qu'embrassées.

2 La redécouverte du sonnet au XIXe siècle

▶ Encore très en vogue tout au long du XVIIe siècle, comme en témoigne son éloge par Boileau (*Art poétique*, 1674), le sonnet finit par être **oublié au cours du XVIIIe siècle**.

▶ Redécouvert par les **romantiques**, il devient l'une des formes fixes les plus populaires du XIXe siècle, pratiquée par des poètes comme Nerval, Baudelaire ou Mallarmé :

> Le vierge, le vivace et le bel aujourd'hui
> Va-t-il nous déchirer avec un coup d'aile ivre
> Ce lac dur oublié que hante sous le givre
> Le transparent glacier des vols qui n'ont pas fui !
> Un cygne d'autrefois se souvient que c'est lui
> Magnifique mais qui sans espoir se délivre
> Pour n'avoir pas chanté la région où vivre
> Quand du stérile hiver a resplendi l'ennui.
> Tout son col secouera cette blanche agonie
> Par l'espace infligée à l'oiseau qui le nie,
> Mais non l'horreur du sol où le plumage est pris.
> Fantôme qu'à ce lieu son pur éclat assigne,
> Il s'immobilise au songe froid de mépris
> Que vêt parmi l'exil inutile le Cygne.
>
> ■ Stéphane Mallarmé, *Poésies*, 1887.

3 Le sonnet contemporain

▶ Aujourd'hui encore, malgré la libération du vers et l'abandon progressif des formes fixes, des poètes trouvent dans le sonnet une **source d'inspiration** toujours renouvelée : dans son recueil ε, Jacques Roubaud invente la forme du **sonnet en prose** ou celle du **sonnet de sonnets**.

CONCLURE

La forme du sonnet a finalement survécu aux modes poétiques et résisté à la libération formelle si bien qu'elle inspire encore les poètes contemporains.

Quiz express

Vérifiez que vous avez bien retenu les points importants

fiches 32 à 35

36

1 Le vers

« Je marcherai les yeux fixés sur mes pensées » : comment scander ce vers tiré du poème « Demain, dès l'aube… » de Victor Hugo ?

☐ a. c'est un décasyllabe distribué en 4//6
☐ b. c'est un alexandrin distribué en 6//6
☐ c. c'est un alexandrin distribué en 4/4/4

2 La rime

Quelle est la qualité de la rime *téléphone/sonne* ?

☐ a. riche ☐ b. suffisante ☐ c. pauvre

3 La strophe

« Phébus à la perruque rousse
De qui les lames de vermeil
Ô faunes ivres dans la mousse,
Provoquaient votre lourd sommeil. »

Cette strophe tirée de « Soleil d'hiver » de Mallarmé est :

☐ a. un tercet d'alexandrins à rimes croisées
☐ b. un quatrain de décasyllabes à rimes embrassées
☐ c. un quatrain d'octosyllabes à rimes croisées

4 Les poèmes à forme fixe

Qu'est-ce qu'une ode ?

☐ a. un poème à strophes identiques,consacré à la célébration lyrique d'une personne ou du monde
☐ b. un poème de trois strophes identiques suivies d'un envoi
☐ c. un poème de trois strophes d'octosyllabes ne comptant que deux rimes et comprenant un refrain.

5 Le sonnet

Quelle est la disposition des rimes d'un sonnet ?

☐ a. abba abba ccd eed
☐ b. abba abba ccd ede
☐ c. abba abba cddc edde

Corrigés !

Score : ... / 6

1 *Le vers*

Fiche 33

Réponse c. C'est un alexandrin : le vers compte 12 syllabes. Ensuite, les groupes de mots sont bien délimités du point de vue syntaxique, d'où cette scansion :
« Je marcherai / les yeux fixés / sur mes pensées »,
plutôt que celle-ci :
« Je marcherai les yeux // fixés sur mes pensées ».

2 *La rime*

Fiche 33

Réponse b. Le *-e* final ne compte pas : il est en fin de vers ; les deux mots ont donc deux sons en commun dans leur terminaison, la voyelle [ɔ] et la consonne [n] : il s'agit d'une rime suffisante.

3 *La strophe*

Fiche 33

Réponse c. La strophe comprend quatre vers, c'est donc d'un quatrain ; tous les vers comptent 8 syllabes : des octosyllabes ; enfin, les rimes, disposées sur le modèle abab, sont des croisées.

4 *Les poèmes à forme fixe*

Fiche 34

Réponse a. L'ode n'est pas exactement une forme fixe, puisque le modèle peut varier d'une ode à l'autre : le seul principe formel qu'elle suit est que ses strophes sont toutes conçues sur le même modèle. La réponse b correspond à la ballade ; la réponse c, au rondeau.

5 *Le sonnet*

Fiche 35

Réponses a et b. Ce sont les deux modèles les plus courants pour la disposition des rimes d'un sonnet ; le premier (réponse a) est dit « sonnet italien », le second est dit « sonnet français » (réponse b). La réponse c est impossible : le sonnet ne compte que 14 vers !

La libération formelle

37

QUIZ p. 85

Tout au long du XIXe siècle,

des poètes gênés par les contraintes des règles de la versification ont mené une véritable révolution formelle. Ils ont libéré le vers et le poème, montrant que la poésie pouvait être partout, même dans la prose.

1 La libération du vers

A Le vers libéré

▶ Certains des plus grands poètes romantiques, à commencer par Hugo, **mettent en cause la versification traditionnelle**. Ils proposent ainsi des scansions hardies ou des enjambements provocants. Ils s'attaquent par exemple à l'alexandrin, dont ils cherchent à contourner la séparation trop rigide en deux hémistiches égaux.

▶ Leurs successeurs creusent ce sillon en inventant le **vers libéré**. Ce dernier s'inspire du vers traditionnel, mais ne respecte pas les règles de la scansion classique et ne comporte pas de rimes au sens strict.

B Le vers libre

▶ Les **vers libres** marquent une nouvelle étape dans cet affranchissement des règles. Ils sont de longueur et de rythme très variables, et ne respectent ni les règles classiques de la versification, ni les rimes traditionnelles.

▶ Les vers libres conservent cependant **quelques points communs avec les vers réguliers** : ils jouent comme eux sur les sonorités (assonances et allitérations) et sur les rythmes (notamment par un retour régulier à la ligne, qui permet de les identifier comme des vers).

C Le verset

▶ Le verset peut être considéré comme une évolution du vers libre : il désigne une séquence qui **excède le plus souvent les limites du vers**, jusqu'à occuper un paragraphe entier. Unité syntaxique des textes sacrés, dont la Bible, il se répand dans la poésie du **début du XXe siècle** sous la plume de poètes tels que Claudel ou Cendrars.

2 *L'invention du poème en prose*

Cet affranchissement des règles traditionnelles n'a pas seulement touché le vers : il s'est aussi étendu à l'ensemble du poème, en particulier dans ce que l'on a appelé, à la suite de **Baudelaire**, des poèmes en prose.

A Caractéristiques du poème en prose

▶ L'inventeur du poème en prose est **Aloysius Bertrand** : son recueil *Gaspard de la nuit* (1842) rassemble des textes brefs, en prose et non plus en vers (autrement dit sans retour à la ligne), mais pourtant donnés par l'auteur comme des poèmes.

▶ Le poème en prose **refuse** donc la **versification traditionnelle** (vers, rimes, strophes…) mais témoigne d'un **travail** particulièrement riche **sur les sons** (assonances et allitérations), sur les **rythmes** et sur les **images**, rejoignant en cela la poésie traditionnelle.

▶ Le poème en prose est relativement **difficile à identifier**, puisque sa forme ne le différencie pas directement d'une courte nouvelle. Pour l'identifier, on recherchera donc la présence de jeux sonores et rythmiques ou d'un travail de l'image particulièrement poétique.

B Distinction entre poème en prose et prose poétique

▶ Il ne faut pas confondre le poème en prose avec la **prose poétique**, qui s'est développée à la fin du XVIIIe et au début du XIXe siècle (dans les textes de Rousseau par exemple). Elle caractérise des textes en prose qui empruntent à la poésie ses procédés les plus caractéristiques (jeux sur les rythmes et les sons particulièrement riches).

▶ La prose poétique est un moyen d'expression, mais **ne constitue pas un genre en soi** : elle apparaît dans des récits autobiographiques et des textes à tonalité lyrique, mais ne relève pas de la poésie à strictement parler.

CONCLURE

La poésie connaît donc une évolution décisive entre le XIXe et le XXe siècle ; ses formes se libèrent, ses frontières avec les autres genres sont de plus en plus perméables.

La poésie lyrique

38

? QUIZ p. 85

Le lyrisme n'est pas le seul mode d'expression de la poésie, mais par ses origines musicales, par sa vocation à dire le monde et la place qu'y occupe le poète, il est la quintessence de l'écriture poétique.

1 *Une origine musicale*

A Aux origines était la lyre

▶ Le nom même de la poésie lyrique dit bien son origine musicale : dans l'Antiquité grecque, la poésie lyrique était une **synthèse de parole, de danse et de musique**, le poète étant accompagné par le son de la **lyre.**

▶ Au Moyen Âge, les trouvères et troubadours perpétuent cette tradition : s'ils ne dansent plus, ils continuent à composer une poésie mêlant paroles et musique, qu'ils désignent par le terme de **chanson.**

B Du chant à la voix

▶ À partir du XIVe siècle, les poètes abandonnent peu à peu l'accompagnement musical et imaginent une poésie qui se fonde sur **la seule musique de la voix.**

▶ Les jeux sur les sons (rimes, assonances, allitérations) et sur les rythmes (vers, accents) ainsi que la **multiplication des formes fixes** (fin du Moyen Âge, Renaissance), témoignent de la musicalité inscrite au cœur du lyrisme.

2 *Une énonciation subjective*

▶ Outre sa dimension musicale, le lyrisme se caractérise aussi par sa **forte subjectivité** : plus que tout autre genre, il est celui où le poète dit *je*. Certains auteurs ont poussé cette logique jusqu'à donner une dimension nettement **autobiographique** à leurs poèmes : Hugo évoque la mort de sa fille Léopoldine dans *Les Contemplations*, Rimbaud puise l'inspiration de ses *Poésies* dans sa propre enfance.

▶ Pour autant, il ne faut pas limiter la poésie lyrique à cette dimension personnelle. En disant *je*, le poète **parle** autant de lui-même que du lecteur, voire **de l'homme en général.**

▶ Dans la préface des *Contemplations,* Hugo affirme : « quand je vous parle de moi, je vous parle de vous », ajoutant qu'un recueil de poésie lyrique contient « autant l'individualité du lecteur que celle de l'auteur ».

B L'adresse à un *tu*

▶ Le *je* ne va d'ailleurs pas sans un *tu* : la poésie lyrique est bien souvent **dialogique**, s'adressant explicitement à un destinataire (que son identité soit précisée ou non).

▶ C'est le cas de la **lyrique amoureuse**, qui interpelle la femme ou l'homme aimé (Aragon dans *Les Yeux d'Elsa*).

3 *Une poésie expressive*

A L'expression des sentiments

▶ Dès le Moyen Âge, la poésie lyrique semble vouée à l'**expression des sentiments**, particulièrement amoureux. Mais c'est la révolution romantique qui consacre le lyrisme comme le genre destiné à dire les émotions personnelles.

▶ L'amour, la mort, la conscience du temps qui passe, la nostalgie, la solitude… sont parmi les **thèmes privilégiés** du lyrisme, qui s'attache à leur donner de l'authenticité en jouant sur les sentiments qu'ils provoquent.

B L'enchantement du monde

▶ La poésie lyrique n'est cependant pas égocentrique : elle parle d'autre chose que du *moi* du poète, elle sait **s'ouvrir au monde** et dire la joie (ou la souffrance) d'y appartenir.

▶ Il ne faut pas lire la subjectivité lyrique comme une forme de nombrilisme, mais comme la **singularité d'un regard porté sur tout ce qui l'entoure**. Comme l'écrit Rimbaud, le poète est un « **voyant** » qui révèle le monde aux yeux de ses lecteurs.

CONCLURE

La musicalité, la subjectivité de l'énonciation et l'expression des sentiments sont les trois caractéristiques fondamentales de la poésie lyrique, au-delà des variations qu'elle a pu connaître au cours de sa longue histoire, de l'Antiquité jusqu'à nos jours.

Fonctions de la poésie

39

QUIZ p. 85

Outre le lyrisme, consacré à l'expression subjective des sentiments et à l'enchantement du monde (→ FICHE 32), la poésie a connu beaucoup d'autres fonctions au cours de son histoire.

1 La poésie engagée

▶ Elle désigne des œuvres dans lesquelles le poète **prend position** et met son **art au service d'une cause** (qu'elle soit politique, morale, sociale…). Le poète engagé défend, dénonce, révèle, témoigne dans le but d'éveiller les consciences et de pousser à l'action.

▶ Le plus souvent, la poésie engagée apparaît dans des contextes de **tensions politiques** :
– Agrippa d'Aubigné écrit *Les Tragiques* (1616) pour dénoncer les exactions des catholiques durant les guerres de religion ;
– Hugo compose *Les Châtiments* (1853) pour attaquer le régime autoritaire de Napoléon III ;
– Éluard publie l'anthologie intitulée *L'Honneur des poètes* (1943) pour prendre le parti de la Résistance contre l'oppression allemande.

▶ Plus largement, la poésie engagée englobe tout texte poétique manifestant une **dimension contestataire ou polémique**. Ainsi, la **satire**, qui critique les défauts des hommes et dénonce leurs ridicules, est une forme de poésie engagée : Verlaine avec « Monsieur Prudhomme » (*Poèmes saturniens*) cherche à faire rire son lecteur mais aussi à dénoncer l'ordre social établi et le bon goût bourgeois.

2 La poésie didactique

▶ La poésie peut aussi avoir pour fonction de **délivrer un enseignement** : on parle alors de **poésie didactique**. C'est le cas, presque exemplairement, des *Fables* de La Fontaine, qui mettent les ressources de l'écriture poétique au service d'un enseignement porté par la morale.

▶ La poésie didactique n'est pas seulement morale : elle peut être **philosophique**, comme lorsque Voltaire écrit le *Poème sur le désastre de Lisbonne* (1756) pour critiquer la doctrine philosophique de l'optimisme. Elle peut aussi être **scientifique**, comme l'indique le titre de l'*Ode sur les causes physiques des tremblements de terre* écrite par Lebrun (1756).

▶ Enfin, l'objet de la poésie didactique peut être la poésie elle-même, lorsqu'il s'agit d'en définir les règles et principes. C'est le rôle dévolu aux **arts poétiques**, véritables traités pratiques, manuels de composition en prose ou en vers. Ainsi du célèbre *Art poétique* de Boileau :

> N'offrez rien au lecteur que ce qui peut lui plaire.
> Ayez pour la cadence une oreille sévère :
> Que toujours dans vos vers, le sens, coupant les mots,
> Suspende l'hémistiche, en marque le repos.
>
> ■ Nicolas Boileau, *Art poétique*, 1674.

3 Une fonction strictement esthétique

▶ La poésie didactique fut souvent critiquée, en particulier par ceux qui considéraient qu'elle détourne la poésie de son **véritable objet** :

> La poésie ne peut pas, sous peine de mort et de défaillance, s'assimiler à la science ou à la morale ; elle n'a pas la Vérité pour objet, elle n'a qu'Elle-même.
>
> ■ Baudelaire, Préface aux *Nouvelles Histoires extraordinaires* de Poe, 1857.

▶ Certains poètes ont défendu l'idée que la poésie n'avait pour seule fin que la recherche de la **beauté formelle**. Sa fonction ne peut alors être qu'esthétique : comme l'affirme Gautier, seule la beauté formelle résiste à l'oubli.

> Tout passe. – L'art robuste
> Seul a l'éternité.
> Le buste
> Survit à la cité.
>
> ■ Théophile Gautier, « L'Art », *Émaux et Camées*, 1852.

CONCLURE

Ainsi, la poésie a rempli des fonctions très diverses au cours des siècles, au point d'être parfois investie de missions contradictoires : la poésie est-elle une fin en soi, ou n'est-elle qu'un moyen au service d'une cause ?

Du romantisme au surréalisme

40

QUIZ p. 85

L'histoire de la poésie entre 1820 et 1940 est faite de révolutions et de réactions successives.

1 La poésie romantique

A Le mage romantique

▶ Au début du XIXe siècle, le mouvement romantique provoque une véritable **révolution poétique** : sous la conduite de Lamartine, Hugo, Musset ou Vigny, la poésie connaît un renouveau lyrique sans précédent.

▶ La **subjectivité du poète** prend une place plus importante, et lui permet de voir des réalités inaccessibles aux autres humains. Le poète devient alors ce « **mage** » investi d'une mission presque sacrée que décrit Hugo :

> C'est lui qui sur toutes les têtes,
> En tout temps, pareil aux prophètes,
> Dans sa main, où tout peut tenir,
> Doit, qu'on l'insulte ou qu'on le loue,
> Comme une torche qu'il secoue,
> Faire flamboyer l'avenir !
>
> ■ Victor Hugo, « La Fonction du poète », *Les Rayons et les Ombres*, 1840.

▶ Du point de vue du style, les poètes romantiques recherchent une plus grande simplicité, en usant parfois d'un **vocabulaire plus prosaïque**, ou en assouplissant les règles les plus strictes de la versification.

B Le poète maudit

▶ La **seconde génération romantique**, celle des Gautier, Nerval ou Baudelaire, est marquée par une sorte de **désenchantement** : ils ne croient plus au caractère sacré de la poésie, et consacrent la figure du « **poète maudit** », qui exprime l'isolement social de l'artiste.

▶ Baudelaire le compare même, dans *Les Fleurs du Mal* (1857), à un « albatros », « exilé sur le sol au milieu des huées ».

2 Le Parnasse et le symbolisme

A Le Parnasse

▶ En réaction contre le prosaïsme romantique et l'engagement politique de leurs aînés, les Parnassiens s'adonnent au culte de la **beauté pure** et de **l'Art pour l'Art**. Ils inventent une **poésie très formelle**, aux thèmes éternels empruntés à l'Antiquité ou aux légendes.

B Le symbolisme

▶ Avec le Parnasse, les symbolistes partagent l'idée que la poésie ne doit pas dire le monde tel qu'il est, dans sa laideur et son prosaïsme, mais doit viser une **beauté idéale** éloignée de toute réalité. Le symbolisme s'oppose donc au triomphe de la science et au naturalisme romanesque.

▶ Mais le symbolisme est aussi une réaction contre les excès formalistes du Parnasse : Verlaine, Rimbaud et Mallarmé défendent, dans les années 1870-1880, une poésie fondée sur l'art de la **suggestion** et du **symbole**, et non pas sur le respect rigoureux de la versification. L'**image**, qu'elle soit métaphore ou comparaison, est au centre de la poésie symboliste. Celle-ci repose aussi sur une **nouvelle forme de musicalité**, qu'illustre notamment l'invention du vers libre.

3 Le surréalisme

▶ Né à la fin de la Première Guerre mondiale, le surréalisme s'inspire de Rimbaud et d'Apollinaire pour créer une poésie originale, dans ses thèmes et ses formes.

▶ Breton, Aragon et Éluard, pour ne citer que les poètes surréalistes les plus célèbres, fondent leur pratique poétique sur l'**image**, véritable **révélateur de la surréalité** qu'ils cherchent à représenter.

▶ Par des jeux collectifs, comme le cadavre exquis, ou par la pratique de l'écriture automatique, ils produisent une **poésie guidée par l'inconscient** vers une **réalité supérieure** à laquelle ouvrent le **rêve** et l'**hypnose**. Ils écrivent des poèmes novateurs, d'une grande liberté formelle.

CONCLURE

Du mage romantique à l'expérimentateur surréaliste, en passant par le poète maudit ou le Parnassien idéaliste, le poète s'est vu attribuer des missions très différentes aux XIXe et XXe siècles.

Quiz express 41

Vérifiez que vous avez bien retenu les points importants fiches 37 à 40

1 La libération formelle

Qu'est-ce qu'un vers libre ?

☐ a. une ligne d'un poème en prose
☐ b. un vers qui prend des libertés avec les règles de la versification
☐ c. un vers qui n'a ni rythme régulier, ni véritable rime

2 La poésie lyrique

Qu'est-ce qui définit la poésie lyrique ?

☐ a. un travail particulier sur les rythmes et les sonorités
☐ b. une forte présence énonciative du locuteur
☐ c. une expression marquée des sentiments

3 Les fonctions de la poésie

Que recherche la poésie didactique ?

☐ a. à célébrer la beauté du monde
☐ b. à défendre une cause politique
☐ c. à délivrer un enseignement

4 La poésie romantique

	Vrai	Faux
1. Lamartine est considéré comme l'un des premiers poètes romantiques français.	☐	☐
2. Le poète romantique est qualifié de « mage » parce qu'il est un véritable roi.	☐	☐
3. La figure du « poète maudit » traduit le désenchantement de la seconde génération romantique (Baudelaire, Nerval…).	☐	☐

5 Le surréalisme

	Vrai	Faux
1. Le surréalisme apparaît dans les dernières années du XIXe siècle.	☐	☐
2. La poésie surréaliste regorge d'images étonnantes, censées révéler une réalité supérieure.	☐	☐

Corrigés !

Score : ... / 10

1 La libération formelle

Fiche 37

Réponse c. Le vers libre reste un vers parce qu'il revient systématiquement à la ligne et joue avec les blancs en fin de ligne. Comme son nom l'indique, le poème en prose ne comporte pas de vers : il ne revient pas systématiquement à la ligne. La réponse b correspond au vers libéré.

2 La poésie lyrique

Fiche 38

Réponses a, b et c. Comme toute poésie elle est attentive à la musicalité de la langue (réponse a) ; elle est généralement marquée par le *je* du locuteur (réponse b), qui y livre ses sentiments, en particulier amoureux (réponse c).

3 Les fonctions de la poésie

Fiche 39

Réponse c. L'adjectif « didactique » provient du verbe grec *didaskein*, « enseigner, instruire ». La réponse a correspond à la poésie lyrique, la réponse b à la poésie engagée.

4 La poésie romantique

Fiche 40

1. Vrai. Son recueil des *Méditations poétiques*, publié en 1820, constitue même l'acte de naissance du romantisme en France.

2. Faux. Le « mage romantique » n'est pas un roi, il est une sorte de prophète qui, par le pouvoir presque magique qu'il a sur les mots, peut révéler le destin de l'homme.

3. Vrai. Cependant, l'expression même de « poète maudit » est postérieure (1884), forgée par Verlaine, poète de la génération symboliste.

5 Le surréalisme

Fiche 40

1. Faux. Le mouvement naît des suites de la Première Guerre mondiale, donc dans les années 1920.

2. Vrai. Pour faire apparaître le « stupéfiant image », comme l'écrit Aragon, les surréalistes exploitent les pouvoirs de la métaphore et jouent sur les rapprochements incongrus.

La poésie du XIXe au XXe siècle

CINQ POINTS CLÉS

▶ Le poème est d'abord un jeu sur la langue. Qu'il soit sonnet ou poème en prose, en vers réguliers ou en vers libres, il **crée de la musique à partir des mots**.

▶ Mais il ne faut pas pour autant négliger **ce que dit le poème**, les thèmes abordés, voire les idées véhiculées, qu'identifie une analyse précise des champs lexicaux ou des images, qui sont au fondement de l'écriture poétique.

▶ La poésie peut remplir **diverses fonctions** : exprimer des sentiments (poésie lyrique), mais aussi raconter, décrire, dénoncer, tourner en dérision, enseigner…

▶ Les **missions diverses** du poète ont évolué au cours du temps : pour les romantiques, il est un « mage » qui guide le peuple ; mais il peut aussi être ce « poète maudit » au ban de la société, ou un « voyant » qui révèle au lecteur les beautés cachées du monde…

▶ Entre 1820 et 1940, **du romantisme au surréalisme**, la poésie connaît des évolutions décisives, tant formelles que thématiques.

CINQ CITATIONS

▶ Citation 1

> J'ai disloqué ce grand niais d'alexandrin.
>
> ■ Hugo, « Quelques mots à un autre », *Les Contemplations*, 1856.

Hugo et les romantiques amorcent la libération formelle, notamment en s'émancipant de la scansion traditionnelle de l'alexandrin, devenue caricaturale : ils délaissent la séparation en deux hémistiches égaux au profit du trimètre romantique (4/4/4).

▶ Citation 2

> De la musique avant toute chose
> Et pour cela préfère l'Impair
> Plus vague et plus soluble dans l'air
> Sans rien en lui qui pèse ou qui pose.
>
> ■ Verlaine, « Art poétique », *Jadis et naguère*, 1884.

La poésie est d'abord et avant tout musicale : c'est ce qui la distingue des autres genres littéraires. Or la musique verbale peut s'obtenir par des moyens nouveaux pour les poètes symbolistes, y compris les vers impairs, jusque-là délaissés.

▶ Citation 3

> Je veux être poète, et je travaille à me rendre voyant [...]. Il s'agit d'arriver à l'inconnu par le dérèglement de tous les sens.
>
> ■ Rimbaud, « Lettre à Georges Izambard », 13 mai 1871.

La poésie révèle le monde aux yeux du lecteur : le poète voit la réalité qui l'entoure sous un jour nouveau, car il rompt avec les habitudes et invente de nouvelles formes.

▶ Citation 4

> *Nommer* un objet, c'est supprimer les trois quarts de la jouissance du poème qui est faite de deviner peu à peu : le suggérer, voilà le rêve. C'est le parfait usage de ce mystère qui constitue le symbole.
>
> ■ Mallarmé, *Enquête sur l'évolution littéraire*, 1891.

La poésie symboliste s'oppose au réalisme en ce qu'elle consiste à suggérer les choses au lieu de les dire explicitement. Ainsi, le poème symboliste détient une part de mystère : il ne se donne pas à lire facilement et doit être décodé par le lecteur pour qu'advienne la révélation du sens.

▶ Citation 5

> Le poète à venir surmontera l'idée déprimante du divorce inséparable de l'action et du rêve.
>
> ■ André Breton, *Les Vases communicants*, 1932.

La poésie surréaliste se nourrit aux rêves de l'inconscient, mais elle croit aussi dans la possibilité d'influencer, voire d'améliorer la réalité : elle est en même temps « rêve » et « action ».

L'argumentation aux XVIIe et XVIIIe siècles

43

? QUIZ p. 101

On peut adopter des stratégies très diverses pour convaincre un auditeur ou un lecteur. C'est ce que montre exemplairement l'étude des œuvres des XVIIe et XVIIIe siècles, période où les débats d'idées ont fait naître des textes argumentatifs de première importance.

1 Les composantes de l'argumentation

Il s'agit d'abord de déterminer les spécificités du texte argumentatif, qui le distinguent du texte informatif, narratif ou descriptif.

A Démontrer, convaincre, persuader

▶ On étudiera d'abord les fonctions de l'argumentation : on dit souvent qu'un texte argumentatif cherche à démontrer quelque chose, à convaincre ou à persuader quelqu'un ; mais quelles **différences** peut-on faire **entre ces trois objectifs ?** (→ FICHE 37).

B Le circuit argumentatif

▶ On observera ensuite la façon dont un texte argumentatif est construit, en étudiant le **circuit argumentatif** : la FICHE 38 distinguera en effet **thème, thèse, argument** et **exemple,** puis montrera comment ces éléments peuvent se combiner dans une argumentation donnée.

C Les stratégies argumentatives

▶ Enfin, on évoquera **quelques-unes des méthodes** adoptées par le texte argumentatif **pour** tenter de **convaincre** ou de **persuader** son destinataire.

- Les arguments logiques sont-ils les seuls efficaces ?
- Peut-on faire preuve de mauvaise foi dans une argumentation ?
- Y a-t-il des moyens de prendre en compte la thèse adverse ?

Telles sont les questions qu'abordera la FICHE 39, consacrée aux stratégies argumentatives.

2 Argumentation directe ou indirecte ?

▶ L'argumentation directe énonce explicitement la thèse qu'elle défend, avance des arguments et des exemples pour convaincre le destinataire de son bien-fondé.

▶ Ayant l'avantage de la clarté et de la rigueur, elle peut parfois paraître aride ou abstraite : un essai ou un pamphlet est moins divertissant qu'un roman ou qu'un poème !
Nous définirons les **genres de l'argumentation directe** et leurs caractéristiques principales dans la FICHE 40.

▶ L'argumentation indirecte défend sa thèse de façon plus implicite, en passant par le détour d'une histoire ou d'un portrait par exemple. Le destinataire est censé interpréter le texte qu'il vient de lire pour en expliciter la visée argumentative.

▶ Cette approche a l'avantage d'être nettement plus plaisante (on préfère généralement recevoir une leçon sous la forme d'une petite histoire !), mais elle est aussi plus ambiguë.

▶ Nous définirons les **genres de l'argumentation indirecte** et leurs caractéristiques principales dans la FICHE 41.

3 *L'argumentation aux XVIIe et XVIIIe siècles*

▶ Enfin, il s'agit d'étudier l'argumentation (directe ou indirecte) dans le contexte des XVIIe et XVIIIe siècles. Cette **période** fut particulièrement **fertile en débats d'idées** (artistiques, politiques, philosophiques…) et donna naissance à de nombreux textes argumentatifs regardés aujourd'hui encore comme des chefs-d'œuvre de la littérature d'idées.

▶ Ainsi, le XVIIe siècle a développé de nouveaux genres argumentatifs. En particulier dans les domaines religieux et moraux, les écrivains du classicisme ont tenté de produire des formes aptes à transmettre leurs idées et à toucher le public de leur temps.

▶ Quant au **siècle des Lumières**, il fut celui des philosophes, qui s'intéressèrent à de nombreux sujets et dénoncèrent les errements de la religion, les abus de la monarchie absolue, les scandales de la peine de mort, de l'esclavage ou du fanatisme…

Démontrer, convaincre, persuader 44

QUIZ p. 101

Il existe plusieurs façons d'emporter l'adhésion du destinataire dans un texte argumentatif.

1 Démontrer

Il me paraît démontré que les bêtes ne peuvent être de simples machines ; voici ma preuve. Dieu leur a fait précisément les mêmes organes de sentiment que les nôtres ; donc, s'ils ne sentent point, Dieu a fait un ouvrage inutile ; or Dieu, de votre aveu même, ne fait rien en vain ; donc il n'a point fabriqué tant d'organes de sentiment pour qu'il n'y eût point de sentiment ; donc les bêtes ne sont point de pures machines.

■ Voltaire, *Lettres philosophiques*, 1734.

▶ Lorsqu'on démontre une thèse, on en **prouve la véracité** par des **éléments irréfutables**. La démonstration est rationnelle et logique ; ses conclusions sont indiscutables.

▶ Un texte qui cherche à démontrer est reconnaissable à :
– son **apparence généralement objective** : le locuteur s'efface, parce qu'il ne défend pas une opinion personnelle et subjective, mais expose une vérité qui a force de loi ;
– la cohérence de son **raisonnement logique** : la démonstration s'appuie sur un raisonnement déductif ; ici, Voltaire emploie une forme de syllogisme (→ FICHE 39) ;
– ses nombreux **mots de liaison**, qui marquent le caractère logique et rationnel de la démonstration.

2 Convaincre

C'est une dangereuse invention que celle de la torture, et il me semble que c'est une épreuve de force, plutôt qu'une épreuve de vérité. Ainsi celui qui peut la supporter cache la vérité, comme celui qui n'en est pas capable. En effet, pourquoi la douleur me ferait-elle avouer mes fautes, plus qu'elle ne me contraindrait à dire ce qui n'existe pas ?

■ Michel de Montaigne, *Essais*, 1580-1588.

▶ Lorsqu'on convainc quelqu'un, on l'amène à **reconnaître rationnellement** que l'opinion que l'on défend est vraie. La différence avec la démonstration est que la **thèse n'est pas irréfutable.**

▶ Un texte qui cherche à convaincre est reconnaissable à :
– la présence d'**arguments** et d'**exemples** ;
– l'emploi de **raisonnements logiques,** qui s'appuient sur des mots de liaison (« ainsi », « en effet ») ;
– la prise en compte de la **thèse adverse,** que l'on cherche **à réfuter** ; ici, Montaigne s'oppose à ceux qui défendent la torture comme moyen de forcer les accusés à avouer.

3 *Persuader*

> Nous venons, écrivains, peintres, sculpteurs, architectes, amateurs passionnés de la beauté jusqu'ici intacte de Paris, protester de toutes nos forces, de toute notre indignation, au nom du goût français méconnu, au nom de l'art et de l'histoire français menacés, contre l'érection, en plein cœur de notre capitale, de l'inutile et monstrueuse tour Eiffel, que la malignité publique, souvent empreinte de bon sens et d'esprit de justice, a déjà baptisée du nom de « tour de Babel ».
>
> ■ « Les artistes contre la tour Eiffel », *Le Temps*, 14 février 1887.

▶ Lorsqu'on persuade quelqu'un, on l'amène à **reconnaître sentimentalement** que l'opinion que l'on défend est vraie. La persuasion néglige les arguments logiques pour faire appel à l'**émotion.**

▶ Un texte qui cherche à persuader est reconnaissable à :
– la volonté d'**impliquer le destinataire** par les moyens énonciatifs traditionnels (apostrophe, interrogations) ou le recours à l'émotion (registres pathétique ou comique) ;
– l'usage de nombreux **procédés** et **figures de style,** pour séduire le destinataire par un discours attrayant ;
– l'usage de **jugements subjectifs** : les « artistes » critiquent la construction de la tour Eiffel sans arguments logiques.

CONCLURE

Pour démontrer, ou convaincre, ou persuader, l'argumentation n'utilise donc pas les mêmes procédés stylistiques ou énonciatifs, ni les mêmes arguments.

Le circuit argumentatif

45

QUIZ p. 101

Le circuit argumentatif permet de reconstituer l'agencement de la thèse, des arguments et des exemples.

1 Les éléments du texte argumentatif

Un texte argumentatif se compose de différents éléments, qu'il faut savoir distinguer.

▶ Le **thème** est le sujet de l'argumentation ; c'est la question à laquelle le locuteur va répondre à travers sa thèse.

▶ La **thèse** est la proposition que défend le locuteur (que ce soit l'auteur du texte ou un personnage fictif) ; elle constitue l'idée fondamentale du texte. On distingue plus précisément la **thèse soutenue** (celle que défend le locuteur) et la **thèse rejetée** (celle que défendent ses adversaires et que le locuteur cherche à réfuter).

▶ L'**argument** est une proposition donnée comme vraie, qui permet au locuteur de prouver le bien-fondé de sa thèse ou de réfuter la thèse adverse (= **contre-argument**).

▶ L'**exemple** est un élément concret, venant illustrer l'argument pour convaincre pleinement le destinataire. Il soumet thèse et arguments à l'épreuve de faits avérés.

2 Un exemple de circuit argumentatif

Le réaliste, s'il est un artiste, cherchera, non pas à nous montrer la photographie banale de la vie, mais à nous en donner la vision plus complète, plus saisissante, plus probante que la réalité même [1].
Raconter tout serait impossible, car il faudrait alors un volume au moins par journée, pour énumérer les multitudes d'incidents insignifiants qui emplissent notre existence.
Un choix s'impose donc, – ce qui est une première atteinte à la théorie de toute la vérité [2].
La vie, en outre, est composée des choses les plus différentes, les plus imprévues, les plus contraires, les plus

disparates ; elle est brutale, sans suite, sans chaîne, pleine de catastrophes inexplicables, illogiques et contradictoires qui doivent être classées au chapitre *faits divers* [3].
Voilà pourquoi l'artiste, ayant choisi son thème, ne prendra dans cette vie encombrée de hasards et de futilités que les détails caractéristiques utiles à son sujet, et il rejettera tout le reste, tout l'à-côté [4].
Un exemple entre mille : le nombre des gens qui meurent chaque jour par accident est considérable sur la terre. Mais pouvons-nous faire tomber une tuile sur la tête d'un personnage principal, ou le jeter sous les roues d'une voiture, au milieu d'un récit, sous prétexte qu'il faut faire la part de l'accident ? [5]

■ Maupassant, « Le Roman », préface de *Pierre et Jean*, 1887.

▶ Ce texte, dont le **thème** est **le roman réaliste**, peut être schématisé sous la forme du circuit argumentatif suivant :

	Statut	Reformulation
1	Thèse soutenue	Le réalisme ne cherche pas à reproduire ou à imiter la réalité, il cherche à faire plus vrai que le vrai.
2	Argument 1	Le roman réaliste ne raconte pas tout ce qui se passe dans la réalité, car ce serait beaucoup trop long. Il ne dit donc pas toute la vérité.
3 et 4	Argument 2	L'existence réelle est irrationnelle, car livrée au hasard ; au contraire, le roman réaliste doit ne choisir que les éléments qui s'inscrivent dans le déroulement logique de l'intrigue.
5	Exemple de l'argument 2	Ce n'est pas parce qu'il y a beaucoup d'accidents mortels dans la vie réelle, que le héros d'un roman réaliste doit disparaître de cette façon.

CONCLURE

Il faut analyser avec précision la façon dont un texte argumentatif est construit pour comprendre ses enjeux.

Les stratégies argumentatives

46

QUIZ p. 101

*Pour convaincre son destinataire,
le locuteur peut adopter des stratégies très diverses.*

1 Employer des raisonnements logiques

Lorsqu'on cherche à convaincre son destinataire, plus encore quand on veut démontrer une thèse, on s'appuie sur des arguments rationnels et logiques.

▶ Le **raisonnement par induction** part de l'exemple et des faits particuliers pour parvenir à la vérité générale.

▶ Le **raisonnement par déduction** procède de façon inverse : il part d'une vérité générale pour justifier une conclusion particulière.

▶ Cas particulier du raisonnement déductif, le **syllogisme** fonde une conclusion apparemment irréfutable sur deux propositions données comme vraies, les prémisses.

▶ Voici un syllogisme célèbre : « Tous les hommes sont mortels [prémisse majeure] ; **or** Socrate est un homme [prémisse mineure] ; **donc** Socrate est mortel [conclusion]. »

2 S'appuyer sur des arguments d'autorité

▶ Pour soutenir son argumentation, on peut citer les propos d'une personnalité ou un passage d'un ouvrage dont tout le monde reconnaît l'autorité dans le domaine en question : on parle alors d'un **argument d'autorité**.

▶ L'argument d'autorité peut aussi prendre la forme d'un **proverbe** ou d'un lieu commun, qui sont censés être l'expression d'une sagesse partagée par tous.

3 Utiliser des arguments de mauvaise foi

▶ On peut tenter de persuader son destinataire en recourant à des arguments de mauvaise foi. Ils n'ont pas de valeur logique, mais donnent une **apparence** rationnelle au discours. Ce sont donc de **faux arguments**, qui permettent de dissimuler la faiblesse de l'argumentation.

▶ Parmi ces arguments de mauvaise foi, on distingue :
– le **prétexte**, qui invoque une raison inventée pour justifier une décision ou un comportement ; c'est par exemple ce que fait le loup dans la fable de La Fontaine intitulée « Le Loup et l'Agneau » : il prétexte que l'agneau le gêne en buvant dans la même rivière que lui pour justifier sa décision de le dévorer ;
– la **tautologie**, raisonnement sans fondement, qui se contente de répéter la même idée et relève donc de l'évidence ; exemple, ce slogan publicitaire pour la loterie nationale : « 100 % des gagnants ont tenté leur chance » ;
– l'**argument *ad hominem***, qui consiste à discréditer la personne de l'adversaire plutôt que ses propos et ses arguments. Réfuter les arguments de Rousseau sur l'éducation en arguant du fait qu'il a abandonné ses enfants relève d'un argument *ad hominem*.

4 Prendre en compte la thèse adverse

Une autre stratégie possible consiste à tenir compte des arguments de l'adversaire et à les intégrer dans son raisonnement. Il existe plusieurs façons de le faire.

▶ Le **raisonnement concessif** donne raison à l'adversaire sur quelques points, avant de réfuter l'essentiel de son argumentation, comme dans l'exemple suivant : *il a certes des facilités, mais il est encore loin de rivaliser avec les meilleurs*.

▶ Le **raisonnement par l'absurde** fait mine d'adopter la thèse adverse pour en tirer par déduction des conséquences ridicules ; cela permet au locuteur de montrer que l'idée de départ, autrement dit la thèse adverse, est illogique.

▶ L'**ironie** prend aussi en compte la thèse adverse : elle feint d'adopter les arguments de l'adversaire pour mieux les tourner en dérision ; c'est par exemple ce que fait Montesquieu dans le passage de *L'Esprit des lois* intitulé « De l'esclavage des nègres » : il fait semblant de défendre les positions esclavagistes, pour mieux les dénoncer.

CONCLURE

Les stratégies argumentatives sont très variées ; il faut savoir les repérer, mais aussi pouvoir dire en quoi elles sont adaptées à la thèse défendue par le texte.

L'argumentation directe aux XVIIe et XVIIIe siècles

47

QUIZ p. 101

Dans la littérature d'idées des XVIIe et XVIIIe siècles, l'argumentation directe peut prendre plusieurs formes.

1 L'essai

▶ L'essai est un **texte argumentatif en prose** où l'auteur expose directement son point de vue, et le défend à l'aide d'arguments et d'exemples. Montaigne invente le genre au XVIe siècle avec les *Essais*, œuvre foisonnante, sans ordre apparent, parcourue de digressions.

▶ Au XVIIe siècle, l'essai prend une dimension plus objective et une apparence plus rigoureuse ; lorsqu'il vise à l'exhaustivité, il se rapproche du **traité**. L'essai se diversifie en de nombreux sous-genres, tels que **discours**, **dialogues**, **conversations**, **lettres**, **dissertations**…

▶ Au XVIIIe siècle, l'essai connaît un succès considérable : il est **privilégié par les philosophes des Lumières** pour critiquer les dogmes religieux et politiques (Montesquieu, *De l'esprit des lois*, 1748). Ses sous-genres se développent : dialogues philosophiques (Diderot *Le Rêve de d'Alembert*, 1769) et discours (Rousseau, *Discours sur l'origine et les fondements de l'inégalité parmi les hommes*, 1755).

2 Les genres polémiques

▶ Le **pamphlet** est un écrit bref qui met en jeu le registre polémique. Très courant au XVIIe siècle, notamment lors de la Fronde (attaques contre Mazarin), le pamphlet est encore bien vivace au XVIIIe siècle, par exemple chez Voltaire.

▶ La **satire**, qui dénonce les vices des hommes, est d'une tonalité est plus moqueuse que le pamphlet. Strictement poétique à l'origine, elle prend des formes très variables au XVIIe siècle (comédies de Molière, fables de La Fontaine). Au XVIIIe siècle, elle est directement liée à l'usage de l'ironie, par exemple chez Voltaire.

3 L'éloquence religieuse

▶ Au XVIIe siècle, l'éloquence religieuse fait entrer des genres bien particuliers dans le champ littéraire de l'argumentation directe ;

c'est le cas des **sermons**, discours prononcés en chaire pour instruire les croyants. Ceux de Bossuet sont des modèles du genre.

▶ L'éloquence religieuse n'est pas réservée à la pratique orale : elle a donné lieu à une importante **production écrite**, visant à défendre les valeurs chrétiennes. C'est le cas des *Pensées* de Pascal (publication posthume, 1670), fragments d'une *Apologie de la religion chrétienne* jamais achevée.

4 La littérature morale

▶ Le classicisme voit aussi se développer une réflexion morale qui s'incarne dans des formes particulières : La Rochefoucauld compose ainsi un recueil de ***Maximes*** (1665-1678), brèves sentences formulant des généralités morales à valeur universelle. Le genre connut un grand succès jusqu'au XVIIIe siècle (Vauvenargues, *Maximes*, 1746).

5 L'argumentation dans les autres genres littéraires

L'argumentation directe peut aussi se retrouver dans des genres qui ne lui sont pas explicitement consacrés.

▶ Des passages de **romans** donnent lieu à de véritables argumentations, par exemple dans le discours des personnages (*Les Lettres Persanes* de Montesquieu, 1721).

▶ Au **théâtre**, les monologues délibératifs des personnages ont une évidente dimension argumentative : on pense par exemple aux stances de Rodrigue dans *Le Cid* (1637) ou au long monologue de Figaro dans *Le Mariage de Figaro* (1784).

▶ La **poésie** peut, elle aussi, abriter une argumentation directe, par exemple dans le cadre de la poésie engagée ou didactique (→ FICHE 33).

CONCLURE

Ainsi, l'argumentation directe s'incarne, aux XVIIe et XVIIIe siècles, dans des genres très variés ; elle s'empare de thèmes très divers, empruntés à tous les domaines de la vie intellectuelle.

L'argumentation indirecte aux XVIIe et XVIIIe siècles

48

QUIZ p. 101

De nombreux auteurs, aux XVIIe et XVIIIe siècles, préfèrent défendre leurs thèses par une argumentation indirecte. Ils racontent une histoire fictive, souvent invraisemblable, pour délivrer un enseignement à leurs lecteurs.

1 *La fable*

▶ Le genre a été inventé dans l'Antiquité, par des auteurs tels que le grec **Ésope** ou le latin **Phèdre**. Le **récit**, généralement en prose, illustre un **enseignement moral** parfois explicite, parfois implicite. C'est alors au lecteur de dégager le sens de l'histoire qu'il vient de lire.

▶ Au XVIIe siècle, **La Fontaine** donne ses lettres de noblesse à la fable, qu'il appelle aussi « apologue ». Il s'inspire des histoires racontées par ses prédécesseurs, les met en vers et les développe pour les rendre plus attrayantes. Au XVIIIe siècle, le genre survit avec un certain succès (**Florian**, *Fables*, 1792).

2 *Le conte*

▶ Le conte naît lui aussi dans l'Antiquité, mais c'est à la fin du XVIIe siècle qu'il connaît un succès retentissant dans la littérature française.

A Perrault et le conte merveilleux

▶ **Perrault** publie à partir de 1694 des histoires qui consacrent la vogue du **conte merveilleux** : ces récits relativement brefs rapportent des événements surnaturels et mettent en scène des **personnages imaginaires** (fées, ogres, animaux dotés de pouvoirs magiques…).

▶ Leur vocation est de distraire le public mondain, mais aussi de délivrer un **enseignement moral**. Les contes sont donc suivis de brèves moralités qui explicitent la leçon (souvent ambiguë) à tirer du récit.

B Voltaire et le conte philosophique

▶ Au cours du XVIIIe siècle, le genre est renouvelé par l'invention du conte philosophique. Voltaire reproche au conte merveilleux de ne délivrer aucun enseignement digne de ce nom : il imagine alors des histoires dotées d'une véritable **ambition philosophique.**

- *Zadig* (1747) est une fiction orientale au service d'une délibération politique.
- *Micromégas* (1752) mêle exposé scientifique et réflexion morale.
- *Candide* (1759) critique le système optimiste du philosophe allemand Leibniz.
- *L'Ingénu* (1767) est l'occasion de remettre en cause le bien-fondé de conceptions morales ou religieuses.

3 Les autres genres de l'argumentation indirecte

Si la fable et le conte (qu'il soit merveilleux ou philosophique) sont les principales formes de l'argumentation indirecte aux XVIIe et XVIIIe siècles, d'autres genres relèvent de ce principe.

▶ L'**utopie** est un récit qui décrit une société idéale. Véritable fiction politique, elle est pour l'auteur un moyen d'exposer ses conceptions tout en critiquant indirectement la société réelle. Née au XVIe siècle sous la plume de l'anglais Thomas More, l'utopie se répand en France aux XVIIe et XVIIIe siècles, comme genre à part entière ou comme épisode dans un récit plus vaste. Ainsi, l'Eldorado de *Candide* (1759) ou les Troglodytes des *Lettres persanes* de Montesquieu (1721) constituent de véritables utopies.

▶ La **parabole** est à l'origine un récit imagé qui, dans les livres saints tels que la Bible, permet d'illustrer un enseignement religieux. Elle est un des moyens de persuader l'auditoire pour l'éloquence religieuse, en particulier au XVIIe siècle.

▶ Il peut arriver que l'argumentation indirecte emprunte un détour autre que le récit pour défendre sa thèse. Ainsi, on peut considérer le **portrait** comme l'une des ressources de l'argumentation indirecte : à travers les portraits caricaturaux de ses *Caractères* (1688), La Bruyère dénonce les défauts des hommes et fait œuvre de moraliste.

CONCLURE

Si les formes de l'argumentation sont très diverses aux XVIIe et XVIIIe siècles, elles ont toutes en commun de vouloir plaire au lecteur pour mieux l'instruire.

Quiz express

49

Vérifiez que vous avez bien retenu les points importants fiches 43 à 48

1 Démontrer, convaincre, persuader

Si vous voulez emporter l'adhésion de votre interlocuteur en étant le plus objectif possible, vous allez chercher à...

☐ a. démontrer
☐ b. convaincre
☐ c. persuader

2 Les éléments du texte argumentatif

Qu'est-ce qu'un contre-argument ?

☐ a. un argument irrecevable parce qu'il est contradictoire
☐ b. un argument que l'on oppose à la thèse adverse pour la réfuter
☐ c. une concession par laquelle on reconnaît la véracité d'un argument de l'adversaire

3 Les stratégies argumentatives

« Le romancier réaliste ne peut représenter fidèlement la réalité : c'est Maupassant lui-même qui l'affirme dans la préface de *Pierre et Jean* ». Quel est le type d'argument utilisé dans cette phrase ?

☐ a. un argument *ad hominem*
☐ b. un argument d'autorité
☐ c. un syllogisme

4 L'argumentation directe

Qu'est-ce qu'un pamphlet ?

☐ a. un texte argumentatif très polémique
☐ b. un texte argumentatif moqueur et ironique
☐ c. un texte argumentatif au plan clair et méthodique

5 L'argumentation indirecte

Quel peut être l'intérêt d'utiliser une argumentation indirecte ?

☐ a. dissimuler la thèse que l'on défend
☐ b. séduire le lecteur par le récit pour mieux le convaincre du bien-fondé de la thèse que l'on défend
☐ c. rendre la thèse que l'on défend plus concrète en se servant du récit comme d'un exemple

Corrigés !

Score : … / 6

1 Démontrer, convaincre, persuader

Fiche 44

Réponse a. Pour être le plus objectif possible, on limite la part de l'opinion et l'on avance des arguments irréfutables, suivant le modèle de la démonstration mathématique. À l'inverse, pour persuader, on joue sur les émotions et les goûts personnels : on use alors d'une argumentation subjective.

2 Les éléments du texte argumentatif

Fiche 45

Réponse b. Pour emporter vraiment l'adhésion du destinataire, on utilise des arguments en faveur de la thèse que l'on défend, mais aussi des contre-arguments pour réfuter la thèse adverse.

3 Les stratégies argumentatives

Fiche 46

Réponse b. L'autorité de Maupassant sert ici à convaincre : puisqu'il est lui-même un célèbre romancier réaliste, il doit savoir de quoi il parle ! L'efficacité de l'argument d'autorité dépend du crédit que les interlocuteurs accordent à l'auteur sur lequel on s'appuie.

4 L'argumentation directe

Fiche 47

Réponse a. Le pamphlet peut être très violent dans ses attaques ; la satire est volontiers moqueuse et ironique ; enfin, c'est le genre du traité qui déploie une argumentation exhaustive, claire et méthodique.

5 L'argumentation indirecte

Fiches 43 et 48

Réponses b et c. Le récit fonctionne en effet comme un long exemple, plus concret qu'une thèse nécessairement générale et abstraite ; il permet aussi de séduire le lecteur en lui racontant une histoire plaisante, plus attrayant qu'un essai. Cependant, le récit ne doit pas totalement dissimuler sa thèse : il faut bien que le lecteur l'aperçoive si l'on veut le convaincre !

Récap' express 50

L'argumentation aux XVIIe et XVIIIe siècles

CINQ POINTS CLÉS

- Pour étudier un texte argumentatif, il faut repérer la **thèse** qu'il défend, les **exemples** et **arguments** qu'il avance, les stratégies qu'il adopte et le schéma qu'il suit.
- L'**argumentation directe** défend une thèse à l'aide d'arguments et d'exemples explicites. Elle emprunte différentes formes : essai, discours, dialogue, pamphlet…
- L'argumentation **indirecte** défend une thèse par l'intermédiaire d'un récit, plus rarement d'une description ou d'un portrait. Elle prend essentiellement la forme de la fable et du conte, merveilleux ou philosophique.
- L'argumentation au **XVIIe siècle** a pris des voies très diverses : elle relève aussi bien de l'éloquence religieuse que de la littérature morale, des pamphlets politiques que des fables ou des contes merveilleux.
- Au **XVIIIe siècle**, les philosophes des Lumières ont utilisé l'essai aussi bien que le conte philosophique ou l'utopie pour défendre leurs thèses et dénoncer les abus politiques, religieux ou sociaux de leur époque.

CINQ CITATIONS

Citation 1

> Les passions sont les seuls orateurs qui persuadent toujours. […] et l'homme le plus simple qui a de la passion persuade mieux que le plus éloquent qui n'en a point.
>
> ■ La Rochefoucauld, *Maximes*, 8, 1678.

La force de la persuasion, lorsqu'elle se fonde sur l'engagement passionnel de l'orateur, l'emporte sur le discours rationnel et son pouvoir de conviction.

▶ Citation 2

> La vraie éloquence se moque de l'éloquence, la vraie morale se moque de la morale.
>
> ■ Pascal, *Pensées*, 4, 1670.

Pour convaincre, il ne suffit pas d'appliquer des principes rhétoriques ou de se conformer aux manuels d'éloquence. C'est la vérité qui emporte l'adhésion, plus que la forme sous laquelle on la dit.

▶ Citation 3

> Je ne doute point, Monseigneur, que vous ne regardiez favorablement des inventions si utiles et tout ensemble si agréables ; car que peut-on souhaiter davantage que ces deux points ?
>
> ■ La Fontaine, *Fables*, « À Monseigneur le Dauphin », 1668.

Les fables sont conformes à la doctrine classique héritée du poète latin Horace : la littérature doit instruire et plaire en même temps (*docere et placere*).

▶ Citation 4

> [Ces contes] renferment tous une Morale très sensée, et qui se découvre plus ou moins, selon le degré de pénétration de ceux qui les lisent.
>
> ■ Perrault, *Histoires ou Contes du temps passé*,
> « À Mademoiselle », 1697.

Les contes et plus généralement les genres de l'argumentation indirecte nécessitent une lecture active, qui cherche à trouver la morale plus ou moins dissimulée dans le récit.

▶ Citation 5

> Il faut être très court, et un peu salé, sans quoi les ministres et madame de Pompadour, les commis et les femmes de chambre, font des papillotes du livre.
>
> ■ Voltaire, « Lettre à Moultou », 5 janvier 1763.

Pour convaincre le plus grand public, il faut préférer l'argumentation indirecte, les textes brefs et divertissants.

Les questions sur le corpus

51

L'épreuve écrite du bac français s'appuie sur un corpus de textes, éventuellement accompagnés d'un document iconographique, liés à un même objet d'étude. Le premier exercice consiste à répondre à une question portant sur ce corpus.

1 L'observation du corpus

▶ L'**objet d'étude** qui est à l'origine du corpus est généralement précisé. Cependant, il n'est pas difficile de le déterminer en observant les textes et les documents qui le composent : des extraits de pièces de théâtre laissent supposer qu'il s'agit de l'objet d'étude « la tragédie et la comédie au XVIIe siècle : le classicisme » ; des extraits de contes ou d'essais peuvent faire penser qu'il s'agit de l'objet « l'argumentation aux XVIIe et XVIIIe siècles ».

▶ Une fois l'objet d'étude identifié, il faut préciser les **liens** qui unissent les différents documents du corpus.
- Ont-ils un registre en commun ?
- Ont-ils été écrits à la même époque ?
- Appartiennent-ils tous à un même mouvement littéraire et culturel ?
- Relèvent-ils tous du même genre ? de la même forme ?
- Exploitent-ils tous le même thème ?

2 Les types de questions

▶ Les questions portent généralement sur l'**ensemble du corpus**, et vous demandent donc de comparer les différents documents. Il peut arriver néanmoins que l'une d'elles porte sur l'un des documents, en particulier lorsqu'il s'agit d'un **document iconographique**.

▶ Les types de questions sont très variables ; on peut néanmoins identifier les principaux d'entre eux. Le plus souvent, on demande :
– d'identifier le **thème** du corpus et d'analyser comment chaque document le met en œuvre (points communs et différences) ;
– lorsqu'il s'agit de textes argumentatifs, de préciser la thèse défendue par chacun d'eux, d'étudier le **circuit argumentatif** (→ FICHE 38) ou la **stratégie argumentative** (→ FICHE 39) sur laquelle ils se fondent ;

– de préciser le **genre** de chacun des documents ou son **registre** (→ FICHE 8) ; il est alors nécessaire de justifier l'identification de façon précise ;
– de déterminer la **situation d'énonciation** de chaque texte et d'étudier les marques de présence du locuteur (→ FICHE 2) ;
– de préciser dans quel **contexte historique et culturel** s'inscrit chaque document, en particulier pour identifier à quel mouvement littéraire (→ DÉPLIANT) il se rattache ;
– d'étudier certains **procédés d'écriture** caractéristiques de l'objet d'étude, d'un genre ou d'un registre ; il ne s'agit pas alors de faire un simple catalogue de figures de style, mais d'expliquer en quoi ces procédés sont effectivement caractéristiques du genre ou du registre ;
– dans le cas d'un document iconographique, de produire une **analyse de l'image** en étudiant les points communs et les différences entre l'image et les textes.

3 *Rédiger la réponse*

▶ La réponse ne cherche **pas** à être **exhaustive** : il y a généralement trop d'éléments dans chacun des textes pour qu'on puisse les citer tous. Toutes les analyses doivent s'appuyer sur des **extraits précis** tirés des différents documents du corpus.

▶ Pour construire la réponse, il faut :
– commencer par une brève **introduction** d'une phrase ou deux, qui rappelle l'enjeu de la question et annonce l'idée générale de la réponse ;
– poursuivre par le **développement**, qui constitue l'essentiel de la réponse ; l'organisation de celui-ci est variable : soit on suit un plan analytique, qui opère texte par texte, soit on adopte un plan synthétique, qui s'attache à relever les points communs et les différences ;
– finir par une rapide **conclusion** qui, en une phrase, récapitule les principales étapes de la démonstration.

CONCLURE

Lorsque vous traitez une question sur un corpus, veillez à sélectionner, dans les textes, les éléments de réponse les plus significatifs.

Le commentaire littéraire 52

Le commentaire consiste en l'analyse littéraire d'un texte inconnu, à partir des connaissances accumulées pendant l'année. L'objectif est d'éclairer le sens du texte et son fonctionnement d'un point de vue littéraire.

1 *L'analyse linéaire du texte*

▶ Il s'agit d'abord de **lire le texte**, plusieurs fois, très attentivement, sans chercher d'emblée à l'interpréter.

▶ Vient ensuite l'**explication linéaire, au brouillon**, qui s'élabore dans les détails du texte comme dans ses effets plus généraux. Il faut :
– explorer le texte de façon progressive, phrase après phrase ;
– noter, sans rédiger, tout ce que l'on peut dire sur chaque mot, chaque expression, chaque image… ;
– repérer aussi les rapports qui se tissent entre toutes les phrases (réseaux lexicaux, métaphores filées, répétitions, etc.), et sur lesquels se structure le texte ;
– enfin, noter les figures de style repérées et les interpréter.

2 *La construction du plan*

▶ Une fois l'explication linéaire achevée, on commence à construire le plan en élaborant la **synthèse thématique** :
– on regroupe les informations recueillies et on dresse une liste des principaux thèmes abordés dans l'explication, sur une feuille séparée ;
– on trouve ainsi une dizaine ou une quinzaine de points.

▶ Ces différents éléments s'organisent autour de la **problématique** : interpréter un texte, ce n'est pas seulement le décrire, c'est avant tout se demander pourquoi il est écrit de cette façon, et donc quels sont le sens et les fonctions des différents points que l'on vient de collecter.

▶ On peut alors **élaborer le plan** : ces points fournissent les sous-parties du plan. On regroupe les thèmes qui se croisent, dont les significations se rejoignent, pour trouver **deux ou trois grands ensembles** (les deux ou trois grandes parties du commentaire composé).

3 L'introduction et la conclusion

▶ La rédaction de l'**introduction** se fait elle aussi au brouillon, car c'est un exercice difficile. Elle est formée d'un seul paragraphe, mais comporte cinq moments :
– l'**amorce** aborde le thème que le texte réécrit, le courant dans lequel il s'inscrit, plus généralement une idée qui accroche le lecteur ;
– le **thème** précise le sujet explicite du texte à commenter, par exemple la rencontre amoureuse ;
– la **structure du texte** doit être donnée de façon claire, en fonction du thème précédemment dégagé ;
– la **problématique**, qui peut avoir la forme d'une question, dirige l'explication : c'est le problème que l'on va essayer de résoudre à propos du texte ;
– l'**annonce du plan** doit être très claire et explicite, mais elle n'entre pas dans les détails : elle n'indique que le titre des grandes parties.

▶ Pour ce qui est de la **conclusion**, elle doit répondre clairement à la question posée en introduction, et récapitule pour cela les différentes étapes de l'explication.

4 La rédaction sur la copie

▶ Le reste du commentaire doit être **rédigé directement** sur la copie, pour des questions de temps : il serait trop long de tout faire au brouillon.

▶ Il est nécessaire de **citer régulièrement le texte**, dès que l'on avance une idée qui doit être prouvée. Les citations sont intégrées aux phrases du commentaire, toujours entre guillemets.

CONCLURE

Vous devez être attentif à construire un commentaire du texte qui soit problématisé, en liant toujours le fond et la forme, qui sont inséparables.

La dissertation littéraire

53

La dissertation n'est pas aussi difficile qu'elle peut le paraître : une bonne maîtrise du cours, une certaine rigueur dans la réflexion et de la précision dans l'expression permettent de construire une réflexion personnelle et intéressante.

1 *Dégager la problématique du sujet*

▶ Il faut d'abord **analyser le sujet** : il se compose souvent de deux parties, une citation d'un auteur ou d'un critique littéraire, suivie de l'intitulé proprement dit. On peut ainsi être amené à **développer**, **réfuter** ou **discuter** le point de vue exprimé par la citation. Dans certains cas, le sujet se limite à une simple question, mais la démarche n'est pas différente.

▶ Il faut ensuite **interpréter le sujet**. Pour comprendre ce dernier, il faut le reformuler et repérer les mots les plus importants (les mots clés) : ce sont eux que la dissertation va discuter ou développer. Il faut donc dégager clairement et explicitement la thèse du sujet.

▶ On peut alors **élaborer la problématique**. Il s'agit de trouver ce qui pose problème dans la thèse du sujet, ce qui ne va pas de soi et qui mérite d'être discuté. Pour le déterminer, on peut aussi chercher quels sont les présupposés, les sous-entendus du sujet.

2 *Construire le plan*

▶ Une fois la problématique clairement formulée, il faut **rechercher les idées** qui permettront de traiter le sujet. Il faut étudier les mots clés que l'on a repérés, les replacer dans un contexte plus large ; on peut aussi apporter à la problématique des réponses autres que celle donnée par le sujet. Enfin, il faut penser à chercher un exemple pour chaque idée avancée et à utiliser les documents du corpus, qui sont directement reliés à la problématique.

▶ Il faut ensuite **construire le plan**. Un certain nombre de plans types peuvent être utilisés comme modèles, mais ils sont souvent artificiels et ne fonctionnent pas pour tous les sujets. On peut aussi décomposer la citation et la réflexion autour de trois axes importants, qui constitueront les trois parties.

3 Rédiger l'introduction et la conclusion

▶ La **rédaction de l'introduction** se fait au brouillon, car elle constitue un moment délicat de la dissertation. Elle est formée d'un seul paragraphe, mais comporte cinq moments.

• L'**amorce** peut ouvrir sur le contexte littéraire dans lequel s'insère le sujet, sur un aperçu très large de la problématique, sur un thème littéraire, etc. ; l'enjeu est d'accrocher le lecteur et de montrer, d'emblée, que le sujet est compris.

• La **citation du sujet** reprend intégralement la citation, d'une seule traite si elle est brève, en la morcelant en plusieurs phrases si elle est plus longue.

• La **reformulation** et l'**analyse du sujet** reprennent et mettent en valeur les mots clés ; cette phase est primordiale, car c'est elle qui montre au correcteur que le sujet est compris.

• La **problématique** est généralement donnée sous la forme d'une question.

• L'**annonce du plan** indique le titre des grandes parties, en une seule phrase, sans entrer dans les détails.

▶ Il reste alors à **rédiger la conclusion** : celle-ci répond à la question posée en introduction (la problématique), et récapitule pour cela les différentes étapes de la démonstration.

4 Écrire la dissertation sur la copie

▶ Le reste de la dissertation doit être **rédigé directement** sur la copie, pour des questions de temps : il serait trop long de tout faire au brouillon.

▶ Il faut proposer autant d'exemples précis que nécessaires, c'est-à-dire au moins un par idée et par paragraphe.

CONCLURE

La dissertation littéraire du bac vous invite à construire une réponse argumentée à une question portant sur votre programme.

L'écriture d'invention

54

Il ne s'agit pas d'un simple exercice d'imagination : le terme invention doit être lu dans sa signification rhétorique, au sens de production d'un discours codifié. Il nécessite de réutiliser des formes, des genres et des registres dont on a étudié les caractéristiques pendant l'année.

1 Le travail préparatoire

A L'analyse du sujet

Le travail préparatoire de l'écriture d'invention consiste dans l'analyse du sujet, à partir duquel on collecte les informations nécessaires à la production du texte.

▶ Il faut d'abord identifier le **genre du texte à produire** : il est généralement indiqué par le sujet, au moins implicitement.

▶ Il s'agit ensuite de déterminer la **situation** et le **type d'énonciation** : qui doit parler dans le texte produit, dans quel contexte et dans quelle situation ? S'il faut écrire une lettre, qui en est l'auteur ? et le destinataire ? S'il s'agit d'un discours, qui le prononce ? à quelle occasion ? devant quel public ?

▶ Puis il faut déterminer le **registre** : il est parfois explicité par le sujet, mais on doit souvent le dégager des consignes, où il n'est qu'implicite.

▶ On doit parfois tenir compte d'un **principe de structure** ou de **procédés** dictés par le sujet : il s'agit alors d'écrire un texte qui contienne un nombre précis de paragraphes, un dialogue dont les interlocuteurs sont imposés, etc. Parfois, ce sont des contraintes de style (métaphore, comparaison, etc.) ou de langue qu'il faut respecter.

B La conception du texte

▶ Il faut ensuite réunir les **éléments** qui constitueront le **contenu** du texte et permettront de le développer. On peut recourir à ses connaissances (sur l'objet d'étude ou sur le thème abordé par le sujet), à ses idées personnelles, mais aussi aux idées présentes dans les textes du corpus.

▶ Enfin, il faut encore concevoir le **plan** du texte : celui-ci doit être clair et logique, non seulement dans le cadre d'un texte argumentatif, mais plus largement pour n'importe quel genre (un texte narratif suivra ainsi les étapes d'un schéma narratif cohérent).

2 L'écriture du texte

▶ L'étape suivante est celle de la rédaction ; elle doit encore être faite au brouillon, car c'est un travail précis et délicat. Il s'agit d'utiliser une langue qui convienne au genre et à la situation d'énonciation, de définir le champ lexical correspondant au thème traité, et d'adapter le vocabulaire au registre imposé.

3 Les différentes formes de l'écriture d'invention

▶ Le sujet peut demander d'écrire des textes répondant aux règles de **plusieurs genres**, règles qu'il faut donc maîtriser. Il faut en particulier pouvoir écrire un texte original qui prenne la forme :
– d'un article de presse (reportage, critique, éditorial, pamphlet) ;
– d'une lettre (de la lettre privée à la lettre ouverte) ;
– d'un discours ;
– d'un dialogue ou d'un monologue ;
– d'une description ou d'un portrait ;
– d'un texte narratif bref (en particulier d'une nouvelle ou d'un conte)…

▶ Il peut aussi s'agir de transposer l'un des textes du corpus en changeant :
– son **contexte** (époque, décor, milieu, etc.) ;
– son **registre** (passer d'un registre comique à un registre pathétique…) ;
– son **genre** (transformer un conte en article de fait divers…) ;
– son **point de vue** (passer d'une focalisation zéro à une focalisation interne…).

CONCLURE

L'essentiel du travail d'écriture d'invention se fait au brouillon : pour que le résultat final soit convaincant, il faut, comme un écrivain, corriger plusieurs fois son texte avant de parvenir à une version satisfaisante.

Achevé d'imprimer par L.E.G.O. S.p.A. – Lavis (TN) – Italie
Dépôt légal : 04438-8/01 – Novembre 2017

1700

ÉVÉNEMENTS HISTORIQUES

Louis XV (1715-1774)

- 1705 :
Première machine à vapeur industrielle

G

ARTS ET LITTÉRATURE

LES LUMIÈRES

- Supériorité de la raison et du savoir sur la sup
- Exercice de l'esprit critique dans les questions religieuses, politiques, morales, scientifiques
- Symbole de *L'Encyclopédie*

▶ Ce célèbre tableau, c
l'un des symboles du lib
au siècle des Lumières,
pour être le pendant d'
Adoration des Bergers :
entendait ainsi opposer
profane à l'amour sacré

- 1721 : Montesquieu, *Lettres persanes*
- 1730 : Marivaux, *Le Jeu de l'amour et du hasard*
- 1731-1734 : Marivaux, *La Vie de Marianne*
- 1731 : Prévost, *Histoire du chevalier des Grieux et Manon Lescaut*
- 1748 : Montesquieu, *De l'Esprit des lois*
- 1748 : Voltaire, *Zadig ou la Destinée*
- 1750 : Rousseau, *Discours sur les sciences et les a*

0

5)

● 1661 : Début du règne personnel de Louis XIV et de l'absolutisme

stre

● 1662-1683 : Colbert ministre

548-1653 :
ronde

● 1685 : Révocation de l'Édit de Nantes

CLASSICISME

- Idéal de mesure, de pureté et de naturel
- Régularisation du théâtre
- Utilité de la littérature : plaire pour instruire

se remet Chryséis à son père, Claude Gelée, dit Le Lorrain
, 1644)

Jn épisode de l'*Iliade* placé dans un décor
rchitectures classiques et de soleil couchant.
e composition harmonieuse, à la perspective
faite.

- 662 : Pascal, *Pensées*
- 665-1678 : a Rochefoucauld, *Maximes*
- 666 : Molière, *e Misanthrope*
- 667 : Racine, *ndromaque*
- 668-1694 : La Fontaine, *ables*
- 1669 : Molière, *Tartuffe*
- 1674 : Boileau, *Art poétique*
- 1677 : Racine, *Phèdre*
- 1678 : Mme de La Fayette, *La Princesse de Clèves*
- 1688-1696 : La Bruyère, *Les Caractères*
- 1697 : Perrault, *Contes*

1600 — 165

Louis XIII (1610-1643) — Louis XIV (1643-171

Édit de Nantes

- 1624-1642 : Richelieu ministre
- 1635 : Fondation de l'Académie française
- 1643-1661 Mazarin min
- 1 La

RÉCIOSITÉ

ɔnde instable
mouvement
du déguisement
galante de la préciosité

ion
e
ent

e

Le Jugement de Salomon, Jean Valentin de Boulogne (vers 1625)

Ulys (ver

▲ d'a Un pa

- 1607-1627 : D'Urfé, *L'Astrée*
- 1616 : D'Aubigné, *Les Tragiques*
- 1628 : Malherbe, *Œuvres poétiques*
- 1636 : Corneille, *L'Illusion comique*
- 1637 : Corneille, *Le Cid*

1750

Louis XVI (1774-1795) De la Ire Rép. au Consulat (179

• 1761-1764 : Affaire Calas

• 1789 : Prise de

• 1776-1778 : Guerre d'Indépendance des États-Unis

• 17 Loui

1741-1748 : erre de Succession d'Autriche

rstition

evenu
ertinage
ut conçu
une
Fragonard
l'amour

Le Verrou, Jean-Honoré Fragonard (vers 1777

de
ts

- 1751-1780 : *Encyclopédie*
- 1759 : Voltaire, *Candide ou l'Optimisme*
- 1761 : Rousseau, *Julie ou la Nouvelle Héloïse*
- 1765-1796 : Diderot, *Jacques le fataliste*
- 1765-1770 : Rousseau, *Confessions*
- 1767 : Voltaire, *L'Ingénu*
- 1782 : Laclos, *Les Liaisons dangereuses*
- 1784 : Beaumarchais, *Le Mariage de Figaro*

1550

) Charles IX (1560-1574) Henri III (1574-1589) Henri IV (1589-1610)

● 1562-1598 : Guerres de religion

● 1572 : Massacre de la saint Barthélemy

rance

● 1598 :

Villers-Cotterêts

BAROQUE ET P

- Représentation d'un m
- Art du contraste et du
- Thèmes de l'illusion et
- Jeux de salons et poési

▶ Les violents effets de clair-obscur et la composi très mouvementée de cet scène pathétique témoign de l'influence de l'italien Le Caravage sur la peintu baroque française.

ait

e (la
oix,
tion

cle
tre

La **Pléiade**
- Poésie savante écrite en français
- Formes inspirées de la littérature antique
- Introduction du sonnet, diffusion de l'alexandrin

el
a

- 1552 : Ronsard, *Les Amours*
- 1558 : Du Bellay, *Les Regrets*
- 1580-1592 : Montaigne, *Essais*

1800

2-1804) Napoléon Ier (1804-1814) Restaurat. et mon. de Juillet (1814-1848

- 1805 : Code civil
- 1830 : Révolution de Juillet
- 1805 : Victoire d'Austerlitz
- a Bastille
- 93 : XVI guillotiné
- 1815 : Défaite de Waterloo
- 1799 : Coup d'État de Napoléon Bonaparte
- 1… Rév…

ROMANTISME

- Littérature libérée des règles fixées par la tradition
- Promotion du « moi » et des sentiments
- Mélancolie et « mal du siècle »
- Attrait pour le spirituel, le mystérieux voire le surnaturel

Atala au tombeau, Trioson Girodet (1808)

▲ Une scène inspirée de l'*Atala* de Chateaubriand, des personnages idéalisés, une profonde religiosité teintée de mélancolie, une forte dramatisation par l'usage du clair-obscur : ce tableau présente les caractéristiques majeures de la peinture romantique française.

- 1801 : Chateaubriand, *Atala*
- 1809-1848 : Chateaubriand, *Mémoires d'outre-tombe*
- 1820 : Lamartine, *Méditations poétiques*
- 1826-1847 : Balzac, *La Comédie humaine*
- 1830 : Hugo, *Hernani*
- 1830 : Stendhal, *Le Rouge et le Noir*
- 1831 : Hugo, *Notre-Dame de Paris*
- 1836 : Musset, *La Confession d'un enfant du siècle*
- 1839 : Stendhal, *La Chartreuse de Parme*

1500

Louis XII (1498-1515) François Ier (1515-1547) Henri II (1547-155

- 1456 : Débuts de l'imprimerie
- 1492 : Découverte des Amériques
- 1494-1559 : Guerres d'Italie
- 1517 : Début de la Réforme protestante
- 1529 : Fondation du Collège de F
- 1539 : Ordonnance de

'7 :
sme

1453 : Constantinople
yzance) prise par les
ırcs

HUMANISME

- L'homme au centre des préoccupations
- Curiosité pour tous les domaines du savoir
- Redécouverte des textes antiques
- Rénovation de l'Église et des pratiques religieuses

du
ueil

de
res

ent
art
n
vie
que.

Berry,

Portrait de François Ier en saint Jean-Baptiste,
Jean Clouet (1518)

◀ Un étrange port
du monarque de
la Renaissance,
représenté avec les
attributs du Baptist
peau de bête, la cr
l'agneau) : l'intrica
du religieux et du
politique au XVIe siè
ne pourrait appara
plus nettement.

- 1511 : Érasme, *Éloge de la Folie*
- 1516 : More, *Utopie*
- 1532 : Rabelais, *Pantagru*
- 1534 : Rabelais, *Gargantu*

1850 — 19

IIe République (1848-1852) Napoléon III (1852-1870) IIIe Ré

48 : …olution de Février

1851 : Coup d'état de Louis-Napoléon Bonaparte

1853-1870 : Grands travaux du préfet Haussmann, à Paris

1870 : Défaite de Sedan

1871 : Commune de Paris

1894-1906 : Affaire Dreyfu…

RÉALISME	NATURALISME
PARNASSE	SYMBOLISME

- **Le réalisme** : peinture de la réalité contre l'idéalisation romantique ; promotion de la description, jeux de focalisation.
- **Le naturalisme** : peinture des milieux sociaux et de leur influence sur les individus ; utilisation des dernières découvertes médicales sur la folie ou l'hérédité ; démarche expérimentale.
- **Le Parnasse** : culte de la beauté pure et de l'art pour l'art ; recherche de la perfection formelle.
- **Le symbolisme** : promotion du symbole et de l'image ; suggérer plutôt que nommer ; recherche d'une nouvelle musicalité par la libération progressive de la versification.

- 1857 : Baudelaire, *Les Fleurs du mal*
- 1857 : Flaubert, *Madame Bovary*
- 1866 : Verlaine, *Poèmes saturniens*
- 1869 : Flaubert, *L'Éducation sentimentale*
- 1869-1872 : Rimbaud, *Poésies*
- 1871-1893 : Zola, *Les Rougon-Macquart*
- 1883 : Maupassant, *Une vie*
- 1886 : Rimbaud, *Illuminations*
- 1887 : Mallarmé, *Poésies*

ne,

tianisme
gion
mpire

te de
le l'Empire
ccident

MOYEN ÂGE

- IXe siècle : Invasions normandes
- XIe siècle : Développement des ordres religieux
- 1163 : Hérésie cathare
- 1180-1223 : Règne de Philippe-Auguste
- Fin du XIIe siècle : Développement des ordres mendiants
- 1226-1270 : Règne de Saint Louis
- 1337-1475 : Guerre de Cent ans
- 1348-1358 : Peste noire
- 1378-14 Grand sch d'Occiden

Grèce
à Athènes

- Fin du XIIe siècle : Romans de Chrétien de Troyes
- XVe siècle : Poésie de Charles d'Orléans
- XIVe siècle : Poésie lyrique d'Eustache Deschamps, Guillaume de Machaut, Christine de Pisan

Iliade
ion à
onde.
oure
les
iculture,

◀ Les *Très Riches Heures* *duc de Berry* sont un rec de prières et de psaume adaptés à chaque heure la journée. Les enlumin qui l'illustrent ont été réalisées par les frères d Limbourg : elles constitu un très bel exemple de l de la miniature au Moye Âge et témoignent de la quotidienne à cette épo

Les Très Riches Heures du duc de Pol de Limbourg (XVe siècle)

- 1070 : *Chanson de Roland*
- 1160 : *Jeu d'Adam*
- 1170 : *Roman de Renart*
- 1461 : François Villon, *Testament*

00 — 1950

ublique (1870-1940) — Vichy (1940-

1914-1918 : remière guerre mondiale

1917 : Révolution russe

1929 : Krach boursier à Wall Street (New-York)

1933 : Hitler au pouvoir en Allemagne

1936-1939 : Guerre civile espagnole

1939-1945 : Seconde guerre mondiale

1949 : Pro populaire d

1954 Guerre

1 éco

SURRÉALISME

- Représentation de la surréalité, conçue comme fusion du rêve et de la réalité
- Écriture automatique et jeux littéraires collectifs
- Un art subversif et anticonformiste

◀ Le maître espagnol est le plus célèbre des peintres surréalistes. Ses tableaux juxtaposent des éléments incongrus qui plongent le spectateur dans un univers onirique.

Guillaume Tell, Salvador Dali (1930)

1913 : Apollinaire, *Alcools*
1913-1927 : Proust, *À la recherche du temps perdu*
1924 : Breton, *Manifeste du surréalisme*
1926 : Éluard, *Capitale de la douleur*
1932 : Céline, *Voyage au bout de la nuit*
1938 : Sartre, *La Nausée*
1942 : Aragon, *Les Yeux d'Elsa*
1942 : Camus, *L'Étranger*
1942 : Ponge, *Le Parti pris des choses*

N

Grand

▲ Oli peint que la l'œuv

- 19
- 19
- 19
- 19
- 19
- 19
- 19
- 19
- 19
- 19

Frise chronologique

ANTIQUITÉ

ÉVÉNEMENTS HISTORIQUES

- Vers – 3300 : Premières écritures
- – 753 : Fondation de Rome
- – 509 à – 27 : République romaine
- – 443 : Périclès stratège à Athènes
- – 336 : Début du règne d'Alexandre le Grand
- – 27 : Auguste sur le trô début de l'Empire romain
- 29 : Condamnatio à mort de Jésus
- 394 : Le chri est la seule rel officielle de l'E
- 476 : Ch Rome, fin romain d'C

ARTS ET LITTÉRATURE

- – 550 : Construction du théâtre d'Épidaure er
- – 450 : Phidias dirige les travaux de l'Acropole

Le bouclier d'Achille, Nicolas Vleughels (1715)

▲ Le bouclier d'Achille que décrit Homère dans l n'a jamais existé. Ce dessin en est une reconstitu partir du texte grec. Le bouclier est à lui seul le m La bordure extérieure représente l'océan qui ent le monde ; son centre est l'univers ; la frise figure préoccupations humaines (la paix, la guerre, l'ag la cité, la vie pastorale).

- VIIIe siècle av. J.-C. : L'*Iliade* et l'*Odyssée*
- Ve siècle av. J.-C. : Les tragiques grecs (Eschyle, Sophocle, Euripide)
- Ve et IVe siècles av. J.-C. : Les philosophes gre (Socrate, Platon, Aristote)
- Ier siècle av. J.-C. : Littérature classique latine (Cicéron, Virgile, Horace, Ovide)

2000

945) IVe République (1946-1958) Ve République (1958-…)

-1962 :
d'Algérie

57 : Création de la Communauté
omique européenne

clamation de la République
: Chine

1959-1975 :
Guerres du Viêtnam

1968 :
Événements de mai en France

1989 :
Chute du mur de Berlin

Frise chronologique

OUVEAU ROMAN

Refus des conventions du roman traditionnel
Déconstruction du personnage romanesque
Critique de la description et des procédés du réalisme

ocre tache jaune pâle,
Olivier Debré (1950)

ier Debré est l'un des représentants majeurs de la
re abstraite en France : le titre de ce tableau montre
forme et la couleur deviennent les sujets mêmes de
e.

0 : Ionesco, *La Cantatrice chauve*
1 : Gracq, *Le Rivage des Syrtes*
3 : Beckett, *En attendant Godot*
7 : Sarraute, *Tropismes*
7 : Butor, *La Modification*
7 : Robbe-Grillet, *La Jalousie*
0 : Simon, *La Route des Flandres*
3 : Le Clézio, *Le Procès-verbal*
4 : Sartre, *Les Mots*
4 : Duras, *L'Amant*